reinhardt

Monika Keck

Noch einmal schwimmen

Sterbebegleitung meiner krebskranken Mutter

Erfahrungsbericht und Ratgeber

Ernst Reinhardt Verlag München Basel

Monika Keck, Gilching b. München, Diplom-Sozialpädagogin, hat ihre an Krebs erkrankte Mutter zu Hause zwei Jahre bis zu deren Tod gepflegt. Danach machte sie eine Ausbildung zur Palliative Care Fachkraft für psychosoziale Berufsgruppen und leitet das Team der sozialen Betreuung in einem Pflegeheim der Sozialservice-Gesellschaft des Roten Kreuzes.

Bibliografische Information der Deutschen Nationalbibliothek

Die Deutsche Nationalbibliothek verzeichnet diese Publikation in der Deutschen Nationalbibliografie; detaillierte bibliografische Daten sind im Internet über <http: / / dnb.d-nb.de> abrufbar.
ISBN 978-3-497-02671-5 (Print)
ISBN 978-3-497-60392-3 (PDF)

Printed in EU
Covermotiv: © iStock.com / Didem GECEGEZER
Satz: JÖRG KALIES – Satz, Layout, Grafik & Druck, Unterumbach

Ernst Reinhardt Verlag, Kemnatenstr. 46, D-80639 München
Net: www.reinhardt-verlag.de E-Mail: info@reinhardt-verlag.de

Inhalt

Vorwort

Dieses Buch widme ich meiner Mutter, die am 13. Mai 2012 im Alter von siebzig Jahren in Folge ihrer Krebserkrankung zu Hause verstorben ist.

Wenn Sie dieses Buch in den Händen halten und anfangen, die ersten Zeilen zu lesen, sind (waren) Sie vermutlich ein pflegender Angehöriger oder Sie haben beruflich mit dem Bereich der Palliativmedizin und -pflege zu tun. Sollten Sie sich das erste Mal in Ihrem Leben mit dem Thema der Sterbebegleitung befassen, dann freue ich mich über Ihr Interesse und möchte Sie gerne zum Weiterlesen einladen.

Was erleben Angehörige, die einen geliebten Menschen – die Mutter, den Vater, oder das eigene Kind – vom Krankenhaus nach Hause zum Sterben holen? Was bedeutet es, denjenigen im eigenen Lebensumfeld bis zum letzten Atemzug zu pflegen, zu versorgen und zu begleiten?

Aus meiner Erfahrung kann ich sagen: Je intensiver man sich mit diesem schweren Thema auseinandersetzt, desto „leichter" wird wohl der Umgang damit und desto eher verliert man seine Ängste.

Als Diplom-Sozialpädagogin (FH) arbeitete ich damals 2012 in einer heilpädagogischen Tagesstätte mit geistig behinderten Kindern und Jugendlichen. Ich hatte zu dem Zeitpunkt keine Ahnung von palliativer Pflege und den dazu gehörenden Abläufen und Einrichtungen. Meine Mutter litt seit 2010 an einer schweren Krebserkrankung und galt zwei Jahre später als „austherapiert". Im April 2012 mussten wir dann, sehr unvorbereitet und innerhalb kürzester Zeit, eine Entscheidung treffen: Sollte meine Mutter zum Sterben in ein Hospiz verlegt werden oder würden wir sie in der Familie bis zum letzten Atemzug pflegen können?

Wir hatten uns dann für die Pflege der schwerkranken Mutter im Haus meiner Eltern entschieden und wussten damals kaum, was auf uns zukommen sollte. Trauer, Ängste, Verzweiflung und absolute Überforderung waren zuerst unsere Gefühle – die sich aber im Verlauf der Pflegewochen zum Positiven veränderten. Letztendlich wurde die Sterbebegleitung bei meiner Mutter für mich zu einer lebensverändernden Bereicherung. Eine wertvolle Erfahrung, für die ich im Nachhinein und bis zum heutigen Tag, sehr dankbar bin.

Jetzt stellt sich die Frage, warum ich als ehemalige pflegende Angehörige die Geschichte der Krebserkrankung und ambulanten Sterbebegleitung meiner Mutter aufgeschrieben habe?

Nach ihrem Tod erfuhr ich von verschiedenen Seiten, wie zum Beispiel vom ambulanten Hospizdienst, vom Palliativkrankenpfleger, der meine Mutter regelmäßig zu Hause betreute, oder von verschiedenen Krankenhäusern, dass Angehörige meist mit der Pflege im eigenen Haushalt (zunächst) sehr überfordert sind. Es entstand in mir der Wunsch, anderen Betroffenen in dieser außergewöhnlichen Lebenssituation zu helfen.

Meine Geschichte habe ich aber nicht nur für Angehörige aufgeschrieben, vielmehr auch für alle, die beruflich in der Palliativmedizin und -pflege arbeiten. Dieses

Buch soll Ärzten, Pflegenden, Beratenden, Hospizhelfern und anderen Interessierten zeigen, wie Angehörige das „Nach-Hause-Holen“ vom Krankenhaus und die Pflege eines sterbenden Menschen im eigenen Zuhause erleben. Die Angehörigen brauchen Zeit, um in den Sterbeprozess des Familienmitgliedes hineinzuwachsen, sich dadurch weiter zu entwickeln, um stark für die letzten Minuten des Abschieds und der dann folgenden Zeit der Trauer zu sein! Es ist wichtig, die Angehörigen nicht zu unterschätzen. Auch angesichts eines Sterbeprozesses ist ein Hinauswachsen über die eigenen Kräfte bei ihnen möglich!

Ich möchte auf den folgenden Seiten meine Erfahrungen als pflegende Angehörige jedem zur Verfügung stellen und auch darin bestärken, sich auf diesen schwierigen, aber ebenso bereichernden Schritt einzulassen. Man kann in diese Situation hineinwachsen. Zudem möchte ich auf verschiedene Möglichkeiten der ambulanten Unterstützung aufmerksam machen und persönliche Tipps und Anregungen von mir geben – nachzulesen jeweils im zweiten Teil eines jeden Kapitels.

Die Geschichte meiner krebskranken Mutter soll Angehörige zur häuslichen Pflege ermutigen, Palliative Care-Fachkräfte für die Bedürfnisse und Ängste von pflegenden Familienangehörigen sensibilisieren und einen Beitrag zur positiven Auseinandersetzung mit dem Thema „Tod und Sterben“ in unserer Gesellschaft leisten.

Ebenso möchte ich das Leben als Ganzes darstellen – als Summe der unterschiedlichen traurigen und auch schönen Lebensmomente. Sich seinen Lebensmut auch dann zu bewahren, wenn schwierige Lebensphasen vorübergehend die Kräfte zu rauben scheinen: Wir wachsen vor allem an den (zunächst) scheinbar unüberwindbaren Aufgaben und Situationen im Leben.

Mein besonderer Dank geht an meinen Vater und an meine Schwester. Zu dritt haben wir (mit großer Unterstützung unserer Hospizhelferin) im „Schichtdienst" die ambulante, palliative Pflege und Sterbebegleitung gemeistert.

Bedanken möchte ich mich auch bei unserem Palliativkrankenpfleger für die Schmerztherapie, beim ambulanten Hospiz- und Palliativberatungsdienst der Malteser, bei unserer Hospizhelferin, beim ambulanten Pflegedienst, den Hausärzten, den Onkologen und dem Pflegepersonal für die hingebungsvolle Unterstützung bei der Betreuung meiner Mutter.

Abschließend möchte ich festhalten, dass ich meine Erfahrungen und das, was mir geholfen hat, als Laie beschreibe, sodass diese Informationen medizinischen Rat nicht ersetzen können.

Vielen Dank für das Interesse an diesem Buch. Ich wünsche allen Leserinnen und Lesern gute Gedanken beim Lesen und Mut bei der Auseinandersetzung mit den folgenden Kapiteln.

Gilching, im Dezember 2016
Monika Keck

1 Möglichkeiten der Trauerarbeit

1.1 Der letzte Geburtstag meiner Mutter: 18. Januar 2012

Von Sommer 2010 bis 13. Mai 2012, das umfasst einen Zeitraum von einem Jahr und acht Monaten, musste meine Mutter alle Stadien einer schweren Krebserkrankung leidvoll ertragen.

Im Januar 2012 war sie von ihrer Krankheit schon sehr geschwächt und hatte immer wieder starke Schmerzen, die sie nur mit Hilfe eines Morphinpflasters einigermaßen ertragen konnte. Sie wollte ihren siebzigsten Geburtstag in einer sehr kleinen Runde ein wenig feiern, obwohl sie dazu eigentlich schon gar keine Kraft mehr hatte. Er sollte trotzdem etwas Besonderes sein, und sie wünschte sich, dass niemand Arbeit hatte. Daher bestellte sie das Essen bei einem nahegelegenen italienischen Restaurant. Als wir dann im Haus meiner Eltern um den Tisch saßen und nach Antipasti verschiedene Pizzen probierten, fing sie plötzlich an, heftig zu weinen:

„Das schmeckt alles nicht wirklich gut! Und die Pizza ist schon eiskalt. Dass ausgerechnet an meinem letzten Geburtstag das Essen dermaßen daneben gehen muss."

Auch uns Töchtern kamen die Tränen, weil uns wieder – wie damals so oft – bewusst wurde, dass sie ihre Krankheit nicht überleben und heute wohl ihr letzter Geburtstag sein würde.

Der Geburtstag meiner Mutter mitten im Januar ist noch immer ein ganz besonderer Tag für mich. Heute ist der Himmel trüb und wolkenverhangen, kleine Schneeflocken tanzen vereinzelt durch die Luft und die Felder sind schneebedeckt.

Gestern habe ich mich schon darauf vorbereitet. Da es für ihren Ehrentag etwas besonders Schönes und Liebevolles sein soll, bin ich in den besten Blumenladen meines Ortes gegangen. Ich entschied mich für orange-rote, große Rosen, die mit gelbem Ginster zu einem wunderschönen Strauß zusammengebunden wurden. Meine Mutter mochte Ginster sehr. Als Kinder waren wir oft mit der ganzen Familie in der Toskana und haben dort immer die blühenden Ginsterbüsche im Frühling bewundert. Zu dem Rosenstrauß kaufte ich noch eine Frühlingsprimel, auch sehr schön zweifarbig blühend.

An diesem Sonntag im Januar 2015 ist alles anders als früher. Damals konnten wir ihren Geburtstag noch mit selbstgemachtem Kuchen und einem leckeren Abendessen feiern.

Ich wickle den Rosenstrauß und die Primel in ein Papier ein, und lege sie, zusammen mit Kerzen und einem Feuerzeug, in meinen bunten Metalleimer zu den Gartenwerkzeugen. Es ist heute kein normaler Geburtstagsbesuch – so wie früher im Haus meiner Eltern – es ist mein Besuch des Friedhofs, auf welchem meine Mutter beigesetzt wurde.

Während ich mit meinem Auto auf der Autobahn in Richtung München fahre, denke ich darüber nach, wie grotesk diese Situation gerade ist: Ich fahre mit bunten, lebensfrohen Geburtstagsblumen und Kerzen nicht zu einer üblichen Geburtstagsfeier, sondern zum Grab meiner Mutter. Mehr als zweieinhalb Jahre sind inzwischen seit ihrem Tod vergangen. Sie starb am 13. Mai 2012, es war damals der Muttertag. Erstaunlich, wie schnell die Zeit nach ihrem Tod vergangen ist.

Vor dem Friedhof bekomme ich sofort einen Parkplatz. Ich nehme den Eingang, vorbei am imposanten Rundbau der Trauerhalle. Es ist ein großer, zu Beginn des zwanzigsten Jahrhunderts angelegter, sehr schöner Friedhof mit vielen Bäumen. Als kleine Kinder sind wir die ersten Jahre unseres Lebens in der Nähe aufgewachsen. Meine Mutter liebte diesen Stadtteil und sie mochte auch den Friedhof mit seinem dichten Baumbestand und den verschiedenen Waldtieren. Bereits Jahre vor ihrer Erkrankung und ihrem Tod hatte sie sich auf diesem Friedhof eine Grabstelle gekauft – mit dem Wunsch, dort beigesetzt zu werden.

Da es ein kalter Tag ist, eile ich rasch über die Kieswege, vorbei an vielen, sehr schön gepflegten Gräbern, die zum Teil noch mit einem kleinen Christbaum oder geschmackvoller Weihnachtsdekoration geschmückt sind. Ein kleines, braunes Eichhörnchen huscht schnell über den Weg. Es schaut fröhlich aus und blickt kurz in meine Richtung. Ein quirliges Eichhörnchen an einem stillen Ort der Trauer – was für ein Gegensatz.

Am Grab stehend hüllt mich die würdevolle Ruhe des Friedhofes ein. Es ist eine nachdenkliche Stille, die immer wieder von den Rufen der Krähen unterbrochen wird. Obwohl es erst Januar ist, zwitschern verschiedene Vögel aus dem großen Ahornbaum, der hinter dem Grab meiner Mutter steht. Meine Mutter liebte Vögel. Sie beobachtete sie immer in ihrem gepflegten Garten und fütterte sie im Winter. Die eine oder andere Kohlmeise, die regelmäßig in ihrem Garten ein Nest hatte, bekam sogar einen Namen.

Ich nehme meinen kleinen Rechen und säubere das Grab von altem Laub und kleinen Zweigen. Das Weihnachtsgesteck sieht noch sehr schön aus. Ich bringe es nicht übers Herz, das Gesteck zu entsorgen, sondern stelle den Rosenstrauß und die Primeln dazu. Während ich die Kerzen anzünde, denke ich sehr intensiv an meine Mutter und spreche in Gedanken mit ihr. Die Besuche auf dem Friedhof sind für mich ein positives Ritual der Trauerarbeit geworden. Es gibt mir ein gutes Gefühl, dass ihre letzte Ruhestätte an ihrem Geburtstag gepflegt aussieht, dass ich etwas Schönes für sie tun konnte. Ich hoffe, dass sie es in irgendeiner Form „sehen“ kann.

Bilder der Erinnerungen laufen wie ein Film an meinem inneren Auge vorüber, während ich am Grab stehe. Ich spüre deutlich den Schmerz von ihrem letzten Geburtstag 2012, und es tut mir nach wie vor unendlich leid, dass der so enttäuschend für sie war. Ich wünschte, der 18.01.2012 wäre positiver für sie verlaufen.

Heute ist alles am Grab harmonisch gestaltet: Die frischen Blumen passen farblich sehr gut zu dem Weihnachtsgesteck und den Kerzen. In stillem Gedenken, in liebevoller Erinnerung bin ich ganz bei meiner Mutter.

Sie war ein wunderbarer Mensch mit einem großen Herzen. Selbstlos unterstützte sie alle Menschen in ihrer Umgebung. Sie arbeitete sehr engagiert als Grundschullehrerin und versorgte liebevoll und aufopfernd ihre Familie. Familienmitglieder, wie ihre eigenen Eltern, ihre Tanten und auch ihren Onkel, pflegte und begleitete sie bis zu deren Tod. Dabei hatte sie keine Berührungsängste mit dem Sterben.

Bis zum Schluss lebte meine Mutter ihre Wertvorstellungen: Drei Monate bevor sie verstarb, stand sie noch – trotz Schmerzen – mit mir in der Küche und half, meinen Geburtstagskuchen für meine Kolleginnen zu backen.

Wir, mein Vater, meine Schwester und ich, hatten 2012 die Aufgabe übernommen, unsere Mutter – bis zum ihrem Lebensende daheim – zu begleiten. Sie hatte sich von uns gewünscht, zu Hause sterben zu dürfen. Die Sterbebegleitung meiner Mutter, diese Aufgabe, sollte noch in den Jahren danach mein Leben, meinen Umgang mit Sterben und Tod und meine Sicht auf unsere Gesellschaft stark verändern.

Mittlerweile ist es schon ein wenig dunkel geworden, und ich fange an, zu frieren. Ich bin sehr glücklich, so schöne Rosen für sie bekommen zu haben und verlasse zufrieden das Grab.

1.2 Mit Trauer umgehen lernen

Wenn man sich in seinem Leben mit dem Tod eines nahestehenden, geliebten Angehörigen auseinandersetzen muss, gibt es rückblickend eine Zeit vor und eine Zeit nach diesem einschneidenden Ereignis. Durch das unmittelbare Erleben der Endlichkeit verändert sich sofort und nachhaltig die subjektive Sicht auf das Leben, das Sterben und den Tod. Man beginnt automatisch, neue Prioritäten in der eigenen Lebensgestaltung zu setzen und die Glücksmomente intensiver zu genießen und auch wertzuschätzen. Man verliert die Angst vor dem Sterben und kann leichter mit diesem Thema umgehen.

Nach meiner Erfahrung erlebt jeder Mensch den Tod eines Angehörigen anders. Die subjektiven Empfindungen und auch körperlichen Reaktionen sind sehr unterschiedlich, können schwanken und sich im Laufe der Zeit verändern. Von der absoluten Verdrängung des Ereignisses, bis hin zu intensiven, widersprüchlichen Gefühlen, ist alles möglich. Die ersten Wochen nach dem Tod des Angehörigen sind besonders schwierig. Im Verlauf der Wochen und Monate kann es leichter werden, mit dem erlebten Verlust umzugehen. Auch der Zeitraum, in dem das Erleben der Trauer leichter wird, ist sehr unterschiedlich.

Weitere Hilfestellungen sind in der Broschüre „Die Zeit der Trauer“ zu finden, veröffentlicht von der Diakonie Deutschland und dem Krebsverband Baden-Württemberg e. V. (Tausch-Flammer/Bickel 2014b). Für die Besprechung des Themas „Tod und Sterben“ mit Kindern kann ich das Buch „Ente, Tod und Tulpe“ empfehlen (Erlbruch 2010).

Wichtig finde ich, nach einer unter Umständen längeren Zeit der Pflege und nach dem Erleben des Verlustes zu sich selbst wieder zurückzufinden. Das heißt, die eigenen Gefühle, Bedürfnisse wieder zu spüren und für sich selbst gut zu sorgen. Folgende Fragen können dabei eine Hilfestellung sein:

- Wie geht es Ihnen körperlich? Wann hatten Sie zum Beispiel das letzte Mal Zeit, Ihr Lieblingsgericht zu essen? Oder haben Sie körperliche Schmerzen, Befindlichkeiten, die mit einem Arzt abgeklärt werden müssten?
- Wie geht es Ihnen seelisch? Haben Sie eher das Gefühl, sich durch Weinen „erleichtern" zu können? Oder könnte es eine Hilfe sein, die erlebten Gefühle der Trauer aufzuschreiben?
- Fühlen Sie sich erschöpft? Haben Sie das Bedürfnis, sich häufiger am Tag auszuruhen oder wünschen Sie sich eher Bewegung, wie einen Spaziergang an der frischen Luft?
- Welche Rituale würden Ihnen bei der Trauerarbeit gut tun? Könnte es das Aufstellen eines Bildes des Verstorbenen mit Kerzen oder Blumen sein? Oder der (regelmäßige) Besuch an der Grabstelle?
- Möchten Sie sich alleine mit dem Tod Ihres Angehörigen auseinandersetzen oder würde es Ihnen gut tun, sich mit anderen Menschen über diesen Verlust zu unterhalten?

Wenn man das Gespräch mit anderen Angehörigen und/oder auch professionellen Trauerbegleitern sucht, kann es ein Weg sein, sich an den örtlich zuständigen, ambulanten Hospizdienst zu wenden, z. B. den Christophorus Hospiz Verein (www.chv.org).

In Deutschland bieten außerdem die Malteser flächendeckend Hospizarbeit, Palliativmedizin und Trauerbegleitung für Erwachsene, Jugendliche und Kinder an. Auf der Internetseite www.malteser-hospizarbeit.de kann man auf einer Deutschlandkarte den örtlich zuständigen Malteser Hospizdienst für z. B. Trauerberatung, Einzelbegleitung oder Gruppenangebote heraussuchen.

Viele Hospizdienste arbeiten auch mit den Hausärzten zusammen und legen zum Teil Informationsflyer in den Wartezimmern der Arztpraxen aus. So kann man sich auch beim eigenen Hausarzt über den örtlich zuständigen Hospizdienst informieren.

Die Mitglieder einer Familie können den Tod ihres Angehörigen sehr unterschiedlich erleben. Deshalb ist es wichtig, sich gegenseitig eine individuelle Verarbeitung der Trauer zuzugestehen. Es gibt in der Trauerarbeit kein „richtig" oder „falsch". Jeder sollte sich die Zeit nehmen (dürfen), die man braucht, um das Ereignis zu verarbeiten – im Verlauf der Monate und Jahre kann der Verlust des geliebten Menschen in das eigene Leben integriert werden.

Das erste Trauerjahr nach dem Tod meiner Mutter habe ich sehr intensiv erlebt. Gefühle des Schmerzes über den Verlust, der Einsamkeit, aber auch der Erleichterung (dass meine Mutter ruhig und schmerzfrei einschlafen konnte) begleiteten mich über viele Monate. Nach der Bestattung und dem Beantworten der Beileidsschreiben waren endgültig alle organisatorischen Aufgaben abgeschlossen, und es entstand eine große Leere. Die tägliche Pflege und Sorge um meine Mutter hatten lange Zeit (neben dem Beruf) mein Leben bestimmt, meine Tage strukturiert. Von einem auf den anderen Tag gab es diese verantwortungsvollen Tätigkeiten nicht mehr. Ich spürte zum ersten Mal die eigene Erschöpfung und die Bedeutung der Endgültigkeit des Todes.

Ich persönlich entschied mich schließlich für eine intensive Auseinandersetzung mit dem Verlust und besuchte alle Lieblingsorte meiner Mutter. Durch diese wiederkehrende Konfrontation mit den Emotionen an bestimmten Plätzen wurde meine Trauer schrittweise leichter. Das Erleben ihres Geburtstages und Weihnachten ohne sie, oder ihres ersten Sterbetages, war zunächst schwierig. Es wurde aber von Monat zu Monat, von Jahr zu Jahr leichter. Aktives „Tun" – z. B. Rituale, wie Blumen an das Grab zu bringen – halfen mir, mit den intensiven Gefühlen des Verlustes umzugehen.

Heute ist die Trauer mit einem leichten Gefühl und der schönen Erinnerung an einen geliebten Menschen verbunden.

2 Erinnern und leben

2.1 Schwimmen mit meiner Mutter im August 2010

Heute – an einem Samstag Ende Januar 2015 – sitze ich im Hallenbad. Es ist Wochenende und die Schwimmbecken sind voll mit Erwachsenen, Jugendlichen und spielenden Kindern. Ich bin umgeben von einer lebensfrohen Atmosphäre. Auf einem einfachen Plastikstuhl sitzend schaue ich auf das türkisblaue 25-Meter-Schwimmbecken und beobachte die Menschen. Als leidenschaftliche Schwimmerin liebe ich es, im Wasser zu kraulen. Mein Blick schweift hinaus auf die schneebedeckte Januarwiese. Der Himmel ist wolkenverhangen und durch den Hochnebel ganz weiß. Vom Solebecken im Freien steigt Wasserdampf auf, sodass man ein Gefühl für die Kälte der Luft bekommt.

Ich blicke auf das im Licht glitzernde Wasser und tauche in meine Erinnerungen ein: Ich denke zurück an einen schönen Sommertag – vielleicht den schönsten Tag mit meiner Mutter im Jahr 2010, bevor sie die Diagnosestellung erhielt.

Am Morgen des 23. August 2010 machte ich mich mit meinem Auto auf den Weg zu meinen Eltern und holte meine Mutter dort ab. An diesem Tag wollte ich sie zu meiner

Arbeit in das Freibad mitnehmen. Als Schwimmlehrerin gab ich Anfänger-Schwimmkurse für Grundschulkinder. Während wir mit dem Auto zu meinem Arbeitsplatz fuhren – es war gegen 8.30 Uhr – wölbte sich der Sommerhimmel in seinem schönsten Blau über uns. Meine Mutter hatte ihre Badesachen eingepackt und freute sich auf das Schwimmen.

Kurz nachdem ich das Auto eingeparkt hatte und wir auf dem Weg zum Schwimmbad waren, riefen schon die ersten Kinder über den Parkplatz: „Hallo Monika!"

Meine Mutter und ich lächelten beide über die gut gelaunten, schwimmbegeisterten Kinder. Wir betraten das Bad und gingen über einen erhöhten Holzsteg in Richtung der Umkleiden. In der Mitte des Holzsteges blieben wir kurz stehen und genossen den herrlichen Blick über die gesamte Freibadanlange. Wir schauten auf die großen, sattgrünen Liegewiesen, auf das tiefblau glitzernde Wasser im großen 50-Meter-Becken und im etwas kleineren Kinderbecken. Sie wurden von großen Laubbäumen eingerahmt. Die Sonne schien auf das Wasser. Bei dem Anblick der Anlage sagte meine Mutter freudig: „Ja, ist das herrlich hier! Schau wie groß und schön die Laubbäume auf der Liegewiese sind!"

Auf dem Weg zum Gebäude mit den Umkleidekabinen kamen wir an einer Dusche vorbei. In ihrem kleinen Becken stand etwas Wasser. Drei kleine Frösche waren hinein gefallen und nutzten es zum Schwimmen. Die Frösche schossen sehr schnell kreuz und quer durch das Wasser – vorbei an verschiedenen Laubblättern und kleinen Stöckchen. Die ersten meiner Schwimmkurskinder saßen in der Hocke am Rand des Duschbeckens und fischten das Laub aus dem Wasser. Sie beobachteten die kleinen Tierchen und versuchten, diese einzufangen. Es war eine

Freude, den Kindern dabei zuzusehen. Auch meine Mutter hatte ihr Vergnügen daran.

„Seht ihr, wie gut die Frösche schwimmen können? Sie machen mit den Hinterbeinen die perfekten Froschbeine.“, sagte ich lachend zu den Kindern. „Genauso üben wir die Froschbeine auch immer in unserer Schwimmstunde!“

Nach dem Umziehen trafen meine Mutter und ich auf alle Schwimmkurskinder und deren Mütter. Die Gruppe versammelte sich im Sitzen auf einer Picknickdecke mit großem Erdbeermuster. Ich begrüßte die Gruppe, stellte meine Mutter vor und fragte die Erziehungsberechtigten, ob meine Mutter heute während des Kurses fotografieren dürfe. Nachdem ich die Kinder mit Gurten und Schwimmnudeln ausgestattet hatte, wanderte ich mit ihren Müttern im Schlepptau zum Kinderbecken. Nach den Aufwärmübungen schwammen die Kinder durch das Becken. In verschiedenen Übungen trainierten wir Vorwärts- und Rückwärtsschwimmen – mit und ohne Schwimmnudel.

Begeistert ging meine Mutter mit der digitalen Spiegelreflexkamera durch das Wasser und fing die schönsten Bilder der schwimmenden Kinder ein. Sie liebte Kinder, das sah man an diesem Tag an ihrem strahlenden Gesicht. Mit großer Sorgfalt fotografierte sie. Die Sonne schien meiner Mutter ins Gesicht. Sie lachte immer wieder zu mir herüber, und es gefiel ihr sichtlich gut, beim Schwimmkurs dabei zu sein. Ich war sehr froh, dass sie an diesem Tag mit mir ins Freibad gekommen war und wir diese schönen Stunden teilen konnten. Noch Jahre später sollte ich an diesen Sommertag denken.

Nach etwa einer Stunde hatten wir genug Bilder für die Schwimmschulflyer, die ich gestalten sollte. Während ich den zweiten und dritten Kurs am Rand des tiefen 50-Meter-Beckens unterrichtete, schwamm meine Mutter eine Bahn nach der anderen in der Mitte des Beckens. Dabei lächelte sie immer wieder glücklich und beobachtete mich, wie ich mit den Kindern im Wasser arbeitete: Ich stand mit einer Neoprenhose bekleidet am Beckenrand, die Sonne wärmte meinen nassen Rücken. Die Kinder, genau beim Schwimmen beaufsichtigend, motivierte ich, die „Froschbeine" kräftig auszuführen – so wie sie es bei den kleinen, echten Fröschen am Morgen in der Duschwanne gesehen hatten. Immer wieder wanderte mein Blick auch kurz einige Meter weiter hinüber zu meiner Mutter. Sie liebte das Schwimmen, die Sonne und die Aussicht auf Liegewiesen und Bäume.

Nach dem Umziehen ging ich hinaus zu meiner Mutter. Sie wartete auf einer Parkbank, die etwas erhöht stand, und hatte von dort einen guten Blick über die ganze Anlage. Sie schaute zunächst auf das Wasser und sah mich dann kommen. Ich setzte mich zu ihr auf die sonnenerwärmte Holzbank, und wir genossen beide, etwas müde vom Schwimmen, ein paar Augenblicke der Stille. Ich liebe dieses entspannte, wohlig warme Körpergefühl nach dem Schwimmen.

Ich schaute ihr ins Gesicht und sagte: „Danke, dass du heute mitgekommen bist und fotografiert hast. Ich habe mich sehr gefreut!" Sie lächelte glücklich und erwiderte: „Ich glaube, das war heute mein schönster Tag des Jahres 2010."

Dann wollte sie nach Hause, um das Mittagessen für meinen Vater zu kochen. Wir verließen das Freibad wieder über den knarrenden Holzsteg und gingen zum Auto.

Niemand von uns beiden ahnte damals, dass es unser letzter, gemeinsamer Badetag war und sie Recht behalten sollte. Wenige Wochen später begann ihre schwere Erkrankung mit starkem Fieber und Erschöpfung. An diesem wunderbaren Sommertag 2010 hatte sie, ohne es zu wissen, bereits zwei Tumoren in der Lunge. Schön war dieser Sommertag – aber auch traurig, dass es der letzte seiner Art war. Leider sollte es keine Wiederholung mehr geben.

Ich lasse meine Erinnerungen an meine Mutter vorüberziehen, beende meine Gedanken und konzentriere mich wieder auf meine aktuelle Umgebung. Das Schwimmbad ist sehr voll, und ich entschließe mich, in das Sportschwimmerbecken zum Kraulen zu gehen. Mit Badekappe, Schwimmbrille und Flossen ausgestattet, springe in das Wasser, zurück in meine Gegenwart, um diesen Augenblick zu genießen.

2.2 Den Augenblick bewusst genießen

Beim Eintauchen in die Erinnerungen an die Erlebnisse mit einem nahestehenden verstorbenen Angehörigen sind auf der einen Seite die positiven Gefühle der vergangenen Lebensjahre, gleichzeitig fühlt man die Trauer und den Schmerz über den Verlust des geliebten Menschen: Eine Gegensätzlichkeit, die in allen Lebensmomenten zugegen ist. Durch diese widersprüchlichen Empfindungen in den Erinnerungen setzt man sich automatisch mit der Vergänglichkeit der glücklichen Ereignisse und, im Gesamten, mit der des Lebens auseinander.

Habe ich die schönen Lebensmomente ausreichend genutzt und intensiv genossen? Als Konsequenz beginnt eine Veränderung der Einstellung, der Haltung zum Leben – um zu versuchen, das Erlebte bewusst wahrzunehmen und die besonderen Situationen entsprechend zu genießen.

Im alltäglichen Leben überfluten uns viele Eindrücke: Über die sozialen Medien werden wir rund um die Uhr mit aktuellen Nachrichten versorgt und zugleich müssen wir jeden Tag eine Reihe von Aufgaben im Beruf und in der Familie bewältigen. Es kann daher eine gute (nicht einfache) Übung sein, sich auf das intensive Erleben von schönen Momenten zu konzentrieren. Wie kann man die Reduktion seiner Gedanken und Gefühle, die uneingeschränkte Aufmerksamkeit auf das (gegenwärtige) Erleben des Augenblicks üben? Meine persönliche Lieblingsübung ist das „Schwimmen mit allen Sinnen": sehen, fühlen, riechen, hören und schmecken des Wassers und der Umgebung.

- Haben Sie ein Lieblingsschwimmbad? Am besten eignen sich ein Freibad in schöner Landschaft oder ein idyllischer See in Ihrer Nähe.
- Versuchen Sie, mit der Alltagskleidung alle Sorgen und Gedanken abzulegen. Mit dem Tragen der Schwimmbekleidung und dem Eintauchen in das Wasser beginnt das Üben der Konzentration auf den Moment.
- Wie fühlt sich das Wasser an? Mit welchen Sinnen nehmen Sie das Wasser wahr? Wenn Sie sich beim Tauchen schwerelos unter der Wasseroberfläche bewegen, wie sieht das Becken aus?
- Wenden sich Ihre Gedanken während des Schwimmens wieder den Nöten des Alltags zu? Ist das der Fall, beschränken Sie sich auf das Zählen der geschwommenen Bahnen.

- Die Sinneseindrücke der sehr bewusst geschwommenen Strecke werden in Erinnerung bleiben.

Ähnlich lassen sich viele Freizeitaktivitäten für eine Übung „mit allen Sinnen“ nutzen.

Wenn die Konzentration auf das intensive Erleben von positiven Momenten gelingt, kann man Glücksgefühle erfahren und möglicherweise mit der Endlichkeit des Lebens Frieden schließen.

Über die Vergänglichkeit von schönen Momenten nachzudenken, kostet Energie. Auch der sorgenvolle Blick in die Zukunft raubt Kräfte. Was bleibt ist die Option, die Gegenwart intensiv zu (er)leben und zu gestalten.

Unser Leben ist wie das Wasser – immer in Bewegung – und wir können lernen, uns den Strömungen, den Veränderungen, der Vergänglichkeit, dem Fluss des Lebens hinzugeben.

3 Krebs: Eine Diagnose, die alles ändert

3.1 Vor und nach der Diagnosestellung

An einem sonnigen Tag im März 2015 fahre ich mit meinem Auto über die Autobahn Richtung Salzburg in den Chiemgau. Ich liebe den Ausblick während des Fahrens auf die noch verschneiten Berge. Nach der Ausfahrt führt mein Weg in Richtung Simsee durch die leicht hügelige Landschaft mit vielen Weideflächen, kleinen Wäldchen und den schönen, oft freistehenden, großen Bauernhäusern.

Der Himmel ist heute strahlend blau und die Frühlingssonne scheint auf die letzten Schneereste. Der Blick auf diese Landschaft vermittelt mir das Gefühl, das Leben sei leicht und unbeschwert.

Ich parke mein Auto neben der Straße und fotografiere den Blick auf den kleinen Ort, der sich an einen Hügel schmiegt – umgeben von Feldern und vielen Wiesen. Ich lasse die Natur und die Landschaft intensiv auf mich wirken und meine Gedanken wandern in die Vergangenheit zu meiner Mutter.

Sie wurde 1942 in München geboren, war also eine echte „Münchnerin“ und liebte die Stadt – aber auch den Chiemgau im Voralpenland. Dort hatte sie die ersten Jahre ihrer Kindheit verbracht. Damals im zweiten Weltkrieg musste mein Großvater kurz nach der Hochzeit (gegen seinen Willen) wieder in den Krieg. Meine Großmutter und Mutter wurden in den Chiemgau evakuiert, um sie vor den Bombenangriffen in München zu schützen. Dort sehr liebevoll aufgenommen, verbrachten beide die folgenden Jahre bei einer Familie auf einem großen Bauernhof. Meine Mutter erlebte hier in der Großfamilie eine schöne Kindheit mit den Kindern des Hofes – fern von Fliegerangriffen in München. Die Freundschaft zu dieser Familie hielt über viele Jahrzehnte. Als meine Mutter in die Volksschule kam, musste sie mit den anderen Kindern zu Fuß bei jedem Wetter über den jetzt vor mir liegenden Hügel hinaufsteigen. Diesen Weg und das Gebäude der Volksschule möchte ich mir genauer ansehen.

Ich steige in mein Auto, fahre zu der ehemaligen Schule und setze mich dort mit Kugelschreiber und Schreibblock auf einen Parkplatz in die Sonne. Die Vögel zwitschern und aus einem Stall sind immer wieder Kühe zu hören. Hühner laufen Körner pickend an der Straße entlang, auf einer Wiese daneben blühen Schneeglöckchen. Diese Idylle wird nur manchmal durch ein vorbeifahrendes Auto unterbrochen.

Im Garten der Schule steht ein sehr alter Baum, die „Luitpoldlinde“. Sie wurde 1911 anlässlich des 90. Geburtstages zu Ehren des Prinzregenten Luitpold von den Lehrern und Kindern der Schule gepflanzt. Als meine Mutter 1948 in die erste Klasse kam, stand die alte Linde schon seit 37 Jahren hier. Wenn der Baum jetzt mit mir sprechen könnte, würde ich bestimmt Geschichten von meiner Mutter erfahren, wie sie als kleines, schwarzhaariges Mädchen durch den Schulgarten gelaufen ist. Ich versuche, mir meine Mutter bildlich vorzustellen: Glücklich, lebensfroh und in einer wunderbaren Landschaft aufwachsend. An diesem Ort hatte sie noch ihr ganzes Leben vor sich.

Als München in den folgenden Jahren langsam wieder aufgebaut wurde, kehrte meine Mutter mit ihren Eltern in die Stadt zurück. Nach dem Abitur studierte sie Grundschullehramt. Fast ihr ganzes Berufsleben arbeitete sie als Lehrerin der ersten und zweiten Jahrgangsstufe. Meine Mutter liebte ihren Beruf und die Kinder. Zusätzlich engagierte sie sich in ihrer Freizeit in der Pflege des Schulgartens, pflanzte auch kleine Bäume und Nutzpflanzen. Gern half sie den Menschen in ihrem Familien- und Freundeskreis, zum Beispiel bei der Pflege von Angehörigen.

Ich stehe vor der großen Linde im Garten der Grundschule und schaue mir den Baum genauer an. In den 1960ger Jahren wurde durch den Ausbruch eines Astes ein großes Loch in die Rinde gerissen, das den Baum beim Wachsen aber nicht zu stören scheint. *„Mit einer umfangreichen Wundbehandlung und dem eigenen Lebenswillen schaffte es der Baum, dass die Wunde heute fast wieder geschlossen ist.“*, lese ich auf dem Schild im Garten. In diesem Moment wirkt der Baum auf mich wie ein Symbol für die Heilung von Wunden, für unerschöpflichen Lebenswillen und für den Kreislauf der Natur.

Ich denke an meine Mutter. Was hat ihr Immunsystem so geschwächt, dass ihre Krebserkrankung entstehen konnte? Hatte sie im Laufe ihres Lebens zu viele Wunden erfahren müssen, bei denen keine Selbstheilung mehr möglich war? Vielleicht hatte sie daher an ihrem Lebensende nicht mehr genügend Kraft und Lebenswillen?

Ich steige wieder in mein Auto und fahre in die nahegelegene Therme. An diesem Nachmittag scheint die Sonne immer noch sehr warm und erweckt die Natur zum Leben. Überall stehen die Schneeglöckchen in voller Blüte. Ich sitze in meinem Bademantel auf der Terrasse der Therme, genieße den Blick auf die Wiesen, Wälder, den See und die vor mir liegenden, türkisblauen Schwimmbecken. Das leise Rauschen und Gurgeln des Wassers begleitet meine Gedanken zurück in das Jahr 2010.

Gegen Ende des Sommers, kurz nachdem meine Mutter und ich miteinander beim Schwimmen waren, klagte sie immer wieder über Rückenschmerzen. Zudem lag sie mehrfach hintereinander für einige Tage mit Fieber, Erschöpfung und Gliederschmerzen im Bett.

Wir alle in der Familie dachten zunächst an eine harmlose Grippe.

Als ich meine Mutter an einem Abend nach meiner Arbeit besuchte und in ihr Zimmer kam, lag sie erschöpft und sehr blass im Bett. Ich setzte mich zu ihr auf die Bettkante und sah ihr lange ins Gesicht. Sie wirkte sehr mitgenommen und erzählte, dass sie in der vergangenen Nacht wieder zwei Nachthemden durchgeschwitzt hatte. Dann wandte sie sich mir zu – das war ganz typisch für meine Mutter. Sie machte wenig Aufhebens um ihre Person, sondern kümmerte sich um die Familie und ihre Mitmenschen. Sie fragte mich, wie es in der Arbeit mit meinen Schwimmkurskindern gewesen war. Entspannt und etwas müde von vier Stunden durch das Wasser laufen erzählte ich verschiedene, auch lustige Ereignisse, die ich heute in meinen Kursen erlebt hatte. Sie lächelte und hörte mir sehr aufmerksam zu.

Dann drehte sie sich im Bett liegend vom Rücken auf die Seite und bekam ein schmerzverzerrtes Gesicht. Besorgt fragte ich sie:

„Magst du dich nicht doch mal wegen der Rückenschmerzen beim Orthopäden vorstellen und deine Hausärztin wegen der immer wiederkehrenden Grippesymptome befragen?"
„Ja, daran habe ich auch schon gedacht. Die Rückenschmerzen sind schon sehr belastend. Ich denke, ich sollte demnächst mal einen Termin beim Orthopäden vereinbaren."

Kurze Zeit später kamen die Rücken-, Gliederschmerzen und Fieberschübe immer öfter und nahmen an Intensität zu. Daher besorgte sich meine Mutter einen Termin beim Orthopäden. Bei diesem Arztbesuch wurde unter anderem ein Röntgenbild der Wirbelsäule gemacht. An den Wirbelkörpern und den Bandscheiben war nichts Auffälliges zu sehen, aber in der Lunge waren „Schatten" sichtbar, für die es zunächst keine genaue Erklärung, aber Vermutungen gab. Mit diesem Röntgenbild wurde die Krankheit meiner Mutter bekannt.

Der Orthopäde hatte sehr offen mit ihr gesprochen und ihr geraten, zur weiteren Abklärung noch ein Blutbild bei der Hausärztin machen zu lassen. Die Ergebnisse zeigten auffällige Werte, und meine Mutter wurde gebeten, zur genaueren Untersuchung einen Termin mit dem Krankenhaus zu vereinbaren.

Am anderen Ende der Leitung blieb es still. Ich hörte sie atmen. Dann antwortete sie sehr langsam und ich konnte ihre Anstrengung in der Stimme hören:
„Sie haben einen kleinen Tumor im rechten Lungenflügel und einen größeren Tumor im linken Lungenflügel gefunden."

Mir verschlug es die Sprache, ich war still und wusste nicht, was ich sagen sollte. Ich spürte, wie sich meine Kehle verschnürte und gleichzeitig fühlte es sich an, als hätte ich einen Hammerschlag auf den Kopf bekommen. Ohnmacht und Angst krochen in mir hoch. Dann fand ich langsam meine Stimme wieder und bemühte mich, ruhig zu fragen:

„Und wie geht es jetzt weiter?"
„Die Tumoren müssen so schnell wie möglich herausoperiert werden. Anschließend muss ich wahrscheinlich dann noch eine Chemotherapie machen."
„Chemotherapie?", fragte ich ungläubig. „Ist das KREBS?"
„Ja, ich habe KREBS."

Wie ein Donnerschlag hallte dieses Wort durch die Telefonleitung und ich spürte die Nachwirkungen an meinem ganzen Körper. Gleichzeitig jagten mir viele Gedanken durch den Kopf: Vielleicht ist der Krebs heilbar? Dann sollte ich meiner Mutter jetzt Mut zusprechen. Und was ist, wenn nicht? Nein, so negativ darf ich zu diesem Zeitpunkt unter keinen Umständen denken. Meine Mutter braucht jetzt meinen kraftgebenden Zuspruch. Ich nahm meine ganze Energie zusammen und sagte ruhig zu ihr:

„Mit der Operation und einer anschließenden Chemotherapie kann man den Krebs bestimmt heilen. Du schaffst das, du bist eine starke Frau und deine Familie steht geschlossen hinter dir."
Sie fing leise an zu weinen und erwiderte: „Ich hoffe, dass ich es schaffen werde."

Die Diagnose hinterließ genau in dem Moment, als sie ausgesprochen wurde, Hilflosigkeit, Machtlosigkeit und Trauer. Zum einen waren wir froh, nun endlich – nach Wochen der Unklarheit – Gewissheit bekommen zu haben, zum anderen waren wir auf eine Diagnose Krebs nicht vorbereitet.

Auf eine Diagnose dieser Art ist man niemals im Leben vorbereitet.

Auch heute noch verspannt sich meine Muskulatur, wenn ich diese Geschichte aufschreibe. Ich atme tief durch. Die Frühlingssonne scheint mir auf der Terrasse der Therme warm ins Gesicht. Ich schicke meine traurigen Erinnerungen mit den Vögeln, die in Richtung des Simsees fliegen. Meine Verspannungen sind spürbar und deshalb beschließe ich, jetzt zu schwimmen. Ich springe in das vor mir liegende Becken und ziehe die erste Bahn – in liebevoller Erinnerung an meine Mutter, die vor einigen Jahren noch im gleichen Becken beim Schwimmen war.

3.2 Die Diagnose in der Familie

Das Untersuchungsergebnis Krebs verändert in dem Moment, in dem es ausgesprochen wird, das Leben des Erkrankten und der zugehörigen Familie. Das Erleben von Hilflosigkeit, Machtlosigkeit und Trauer ist zu diesem Zeitpunkt – in diesem emotionalen Ausnahmezustand – nicht nur für den Betroffenen selbst, sondern auch für die unmittelbaren Vertrauenspersonen, normal. Jedes Familienmitglied wird sehr unterschiedlich auf die lebensverändernde Diagnose reagieren.

Gestehen Sie jedem die individuellen Reaktionen zu. Nutzen Sie jede Möglichkeit, sich mit den einzelnen Familienmitgliedern auszutauschen und sprechen Sie offen auch über Ihre Gefühle – es kann den Umgang mit der Situation erleichtern. Versuchen Sie, trotz der zunächst sehr beängstigenden Diagnose, ruhig zu bleiben und geben sie sich selbst und Ihrer Familie die für Sie notwendige Zeit, um sich emotional und kognitiv mit dieser Lebensveränderung auseinander zu setzen.

Wenn man als Familienangehöriger bei der Besprechung mit dem Onkologen dabei ist, ist es gut, sich gemeinsam zunächst über die Behandlungsmöglichkeiten der Erkrankung zu informieren. Es gibt sehr viele unterschiedliche (auch heilbare) Krebsarten, dementsprechend auch verschiedene Behandlungsmöglichkeiten.

Je mehr man über die Krebserkrankung und die Behandlungsmöglichkeiten weiß, desto leichter kann man möglicherweise mit der Diagnose des Angehörigen umgehen. Verschiedene Ärzte (mit unterschiedlichen Fachgebieten) werden bei diversen Fragestellungen weiterhelfen können. Ausführliche Informationen zu Krebsarten, Behandlungsmöglichkeiten und vieles mehr ist im Internet z. B. unter www.krebshilfe.de zu finden.

Die Benachrichtigung, dass eine unheilbare Krebserkrankung besteht, führt zu einer starken emotionalen Belastung und kann eine psychische Krise bei dem Betroffenen, aber auch bei Familienangehörigen auslösen. Um nicht das psychische Gleichgewicht zu verlieren, ist es hilfreich, sich auf die eigenen Stärken zu besinnen. Hilfreiche Fragestellungen können hier sein:

- Wie haben Sie frühere Lebenskrisen gemeistert? Was war Ihnen dabei hilfreich?
- Wie ist die soziale Anbindung Ihrer Familie? Können Sie sich in der krisenhaften Situation Hilfe durch Verwandte, Freunde, Bekannte oder auch Nachbarn holen? Führen Sie ein offenes Gespräch in der Familie – auch mit den Kindern.
- Wie ist Ihre körperliche Befindlichkeit? Brauchen Sie gegebenenfalls Hilfe durch einen Arzt? Benötigen Sie vielleicht Medikamente, zum Beispiel gegen Schlafstörungen nach der Diagnosestellung?
- Wie geht es Ihnen seelisch? Können Sie die Diagnose psychisch verarbeiten oder brauchen Sie psychoonkologische oder -therapeutische Hilfe? Scheuen Sie sich nicht, bei Bedarf entsprechende Unterstützung anzunehmen.

Wenn die erste Zeit nach der Diagnosestellung vergangen ist, kann es sein, dass die Erkrankung oder der Umgang damit schon ein Teil des Familienalltags geworden ist. Die Krebserkrankung sollte aber keinesfalls den Lebensalltag ganz einnehmen. Dann ist es wichtig, sich wieder auf schöne Momente und Erlebnisse zu besinnen.

4 Leben zwischen Hoffnung und Verzweiflung

4.1 Unterwegs mit Wunddrainage und Schmerzpumpe

Es ist der 25. März 2015. Ich fahre mit meinem Auto zu dem Krankenhaus, in dem meine Mutter im Dezember 2010 und Januar 2011 an ihren Tumoren operiert wurde. Vor dem Krankenhaus setze ich mich auf eine Wiese, nehme meinen Schreibblock und Kugelschreiber zur Hand und lasse die bekannte Umgebung auf mich wirken.

Wie war das für meine Mutter, als sie damals, kurz vor Weihnachten 2010 durch diesen Eingangsbereich in das Krankenhaus gehen musste? Mit einem gepackten Koffer und dem Bewusstsein, Krebs zu haben und operiert werden zu müssen? Ich versuche mich gedanklich in ihre Situation hineinzuversetzen und fühle eine große Angst vor den bevorstehenden Ereignissen. Dieser relativ kurze Weg vom Parkplatz in die Klinik muss sie unglaublich viel Kraft und Überwindung gekostet haben.

Ich verlasse meinen Sitzplatz auf der Wiese vor dem Krankenhaus und gehe durch die Glasdrehtüre in den Eingangsbereich des Gebäudes. Mit dem Betreten dieses Hauses werden alle meine Erinnerungen an die Vergangenheit wieder geweckt. Ich nehme den direkten Weg zu der Station, auf der meine Mutter damals lag. Langsam gehe ich durch den langen Gang. Mit jedem Schritt nehme ich die unterschiedlichen Krankenhausgerüche mehr und mehr wahr. Eine beklemmende Stimmung steigt in mir auf, die sich automatisch einstellt, wenn ich ein Krankenhaus betrete. Ich folge der breiten Treppe in den ersten Stock. Nach einem Glasdurchgang stehe ich inmitten der ehemaligen Station meiner Mutter. Beim Anblick der Stationseinrichtung überwältigen mich meine Erinnerungen.

Am Abend des Operationstages im Dezember 2010 rief ich meine Mutter an:

„Wie geht es dir nach der Operation?"
Sie war zunächst still, räusperte sich dann und antwortete mir ganz langsam mit schwacher Stimme:
„Es ist alles ganz gut gelaufen. Sie haben den kleinen Tumor im rechten Lungenflügel gut entfernen können. Jetzt läuft hier über einen Schlauch ständig ein starkes Schmerzmittel rein – vermutlich habe ich deswegen fast keine Schmerzen."
Meine Mutter klang noch etwas benommen, sie bemühte sich aber, ruhig zu sprechen.
Ich höre, wie sehr sie das Telefonieren anstrengt, daher fasse ich mich kurz: „Da bin ich aber sehr froh, dass die Operation gut verlaufen ist und du schmerzfrei bist!"
Ich verspreche ihr, sie morgen zu besuchen.

Als ich am folgenden Tag zum ersten Mal zu ihr kam, erschrak ich sehr. Sie sah sehr blass und mitgenommen aus, hing an verschiedenen medizinischen Apparaten und Wundsekret lief durch einen Schlauch aus der Wunde in einen speziellen Beutel.

Aber statt im Bett zu liegen, ging meine Mutter über den Gang der Station. Sie kam mir entgegen und schob einen Gehwagen vor sich her, auf dem der Beutel für die Wundflüssigkeit und der Computer für die Schmerzmittel lagen. Ich schaute auf die Schläuche und fühlte mit ihr, versuchte aber, mein Erschrecken vor ihrem Aussehen zu verbergen.

Es ist unglaublich, wie schnell sich ein Mensch durch eine Operation verändert und wie stark das Vorhandensein von Schläuchen den Angehörigen auf einmal zu einem schwerkranken Patienten macht.

Ich bemühte mich, ein hoffnungsfrohes Gesicht zu zeigen:

„Hey, das gibt's ja gar nicht, du bist ja schon wieder auf den Beinen!"
Ich umarmte sie vorsichtig, und sie freute sich sichtlich, dass ich gekommen war.
„Es geht mir relativ gut und ich bin sehr froh, wenn ich mich hier auf dem Gang ein wenig bewegen kann. Doch jetzt muss ich mich mal wieder hinlegen, das Gehen strengt mich schon ganz schön an."

Wir gingen langsam über den Gang zurück in ihr Zimmer. Sie legte sich sofort in ihr Bett. Zusammen sortierten wir die Schläuche und ich half ihr, den Beutel mit Wundflüssigkeit am Rand des Bettes aufzuhängen. Ich setzte mich und hörte ihr aufmerksam zu, als sie mir ausführlich von den Vorbereitungen zur Operation erzählte. Nach einer Weile wurde sie etwas müde. Ich ließ meinen Blick durch das Zimmer schweifen. Es wirkte kühl, sachlich und steril. Ich beschloss, bis zu meinem zweiten Besuch ein paar Weihnachtssterne zu basteln, um das Zimmer ein wenig zu dekorieren und etwas persönlicher gestalten zu können.

Inzwischen war es draußen dunkel geworden. Meine Mutter wollte ein wenig schlafen, um sich von der Operation zu erholen. Auf der Heimfahrt vom Krankenhaus dachte ich an das bevorstehende Weihnachten. Bei dem Gedanken, wie wir in der Familie ohne meine Mutter feiern sollten, wurde mir sehr schwer ums Herz. Vielleicht konnte meine Mutter über Weihnachten für einige Tage das Krankenhaus verlassen? Aber wie sollten wir die Weihnachtstage mit der Krebsdiagnose im Hinterkopf gestalten? Darauf fand ich keine passende Antwort.

Als ich sie am nächsten Tag wieder besuchte, lag sie nicht mehr alleine im Zimmer. Die neue Patientin war etwas älter als meine Mutter und sollte am kommenden Tag auch an der Lunge operiert werden. Ich begrüßte die beiden beim Eintreten und sie freuten sich über etwas Abwechslung im Krankenhausalltag. Meine Mutter sah heute schon besser aus, saß aufrecht im Bett und erzählte mir von der Visite. Ich war froh, sie so zu sehen. Es war einer der Momente, an dem wir die Diagnose Krebs vollkommen verdrängten, uns über die gelungene Operation freuten und positiv in die Zukunft sahen. Während meine Mutter sprach, hängte ich die selbst gebastelten Sterne aus Goldpapier an das schmucklose Fenster. Ich hoffte, dass diese Sterne etwas Farbe in das Zimmer bringen und dadurch vielleicht auch positive Gefühle aufkommen würden.

Meine Mutter schaute zu ihrer Bettnachbarin hinüber und sagte schmunzelnd:
„Das ist typisch für meine Tochter, alles muss immer dekoriert werden."
„Das sieht doch ganz nett aus, jetzt haben wir in unserem Zimmer auch ein wenig Weihnachtsstimmung – zumal ich über die Weihnachtstage nicht nach Hause gehen darf", antwortete die andere Patientin.
Ich setzte mich wieder zu meiner Mutter ans Bett und fragte sie, ob sie definitiv über Weihnachten nach Hause kommen dürfe und wie sie sich diese Tage vorstelle.
„Am 24. Dezember darf ich am Vormittag abgeholt werden. Wenn ich keine Schmerzen oder andere Komplikationen habe, darf ich bis zum 26.12. zu Hause bleiben."
„Ich möchte, dass wir die Weihnachtstage ganz nach deinen Wünschen gestalten", sagte ich zu meiner Mutter. „Denn du bist ja diejenige von uns, die krank ist."
„Keinen Weihnachtsbaum", erwiderte meine Mutter sehr schnell. „Ich möchte keinen Weihnachtsbaum im Wohnzimmer sehen!"

Durch die Art und Weise wie und mit welchem Gesichtsausdruck sie über den Weihnachtsbaum redete, wurde der Umfang ihrer psychischen Belastung durch die Krankheit deutlich. Ich ging absichtlich nicht weiter auf den Weihnachtsbaum ein, sondern bemühte mich, ein anderes Thema anzusprechen: Ich fragte meine Mutter, was ich kochen sollte. Da sie in dieser Zeit nur wenig essen konnte und kaum Appetit hatte, wünschte sie sich etwas Leichtes: ein thailändisches Rezept mit Reis, Gemüse und Kokossauce.

Wir besprachen anschließend noch den weiteren Ablauf dieser eigentlich schönen – für uns in diesem Jahr aber schwierigen – Tage und dann wollte meine Mutter wieder etwas schlafen. Tief in Gedanken versunken fuhr ich nach Hause.

Unsere gemeinsamen Weihnachtstage 2010 mit der Familie verliefen sehr ruhig und wir gestalteten sie nach den Wünschen unserer Mutter. Entsprechend ihrem eingeschränkten Appetit kochten wir verschiedene Gerichte mit Reis. Sie genoss den Duft der Saucen, konnte aber leider nur wenig essen. Wir alle erlebten an den Feiertagen eine Mischung aus sehr unterschiedlichen Gefühlen: zum einen Freude über die gemeinsamen Tage, zum anderen aber auch Sorgen und Ängste um die Zukunft. Wir teilten uns die glücklichen Momente, aber auch traurige, in denen wir zusammen weinten.

Meine Mutter schenkte mir zu Weihnachten eine selbst geschriebene Weihnachtskarte mit zwei glitzernden Herzen (die ich damals ganz besonders schön fand und die ich mir heute auch noch sehr gerne ansehe):

„Liebe Moni, da du so wild bist auf diese herzige Karte, gehört sie dir. Lass den Frieden und Ruhe einkehren in Kopf und Herz und genieße schöne, gemütliche Tage …“

Damit hatte sie meinen Wunsch nach dieser besonderen Karte erfüllt und mit einem Satz die Stimmung der Weihnachtstage sehr treffend beschrieben.

Diese Erinnerungen an schöne und bittere Stunden lasse ich im Eingangsbereich der Station, kehre gedanklich in mein gegenwärtiges Leben 2015 zurück und nehme die Treppe nach unten. Ich gehe in Richtung Intensivstation und setze mich dort auf einen harten, kalten Holzstuhl. Die Kälte dieser Sitzgelegenheit kriecht an meinem Rücken hoch und mit ihr kommen auch die Erinnerungen an die zweite Operation meiner Mutter.

Am zweiten Januar 2011 wurde im Krankenhaus der zweite, größere Tumor aus dem linken Lungenflügel entfernt. Gegen Mittag rief ich im Krankenhaus an und erkundigte mich nach meiner Mutter. Wie geht es ihr jetzt? Hat sie die Operation gut überstanden? Sie läge noch auf der Intensivstation, noch wisse man leider nichts und könne keine Informationen geben.

Ich beendete das Gespräch und blieb mit großer Unsicherheit zurück. In meinem Kopf drehte sich ein Karussell mit vielen Fragen und Sorgen, wie die Operation verlaufen sein mochte. An diesem Tag musste ich nicht arbeiten, daher beschloss ich, sofort in das Krankenhaus zu fahren. Hastig eilte ich zur Intensivstation und klingelte an der Türe, um nach meiner Mutter zu fragen. Mittlerweile war ich sehr aufgeregt und spürte meinen Pulsschlag im Hals. Schon kurz nach meinem Klingeln kam eine Pflegerin und öffnete die Türe.

„Ihre Mutter hat alles gut überstanden. Der Tumor war sehr groß, 1,4 kg schwer. Momentan ist sie am Aufwachen. Warten Sie bitte hier vor der Türe."
Wie betäubt setzte ich mich auf einen Holzstuhl, starrte vor mich auf den Boden und spürte die Kälte dieses unbequemen Stuhles kaum.
„Ein 1,4 kg schwerer Tumor in der Lunge – das ist unglaublich", dachte ich mir.

Fast eine dreiviertel Stunde, in der nichts passierte, wartete ich vor der Intensivstation. Die Zeit schien sich endlos in die Länge zu ziehen. Ab und zu öffnete sich die Türe automatisch, Pflegepersonal und Ärzte kamen und gingen auf die Station. Mit jeder Bewegung der Türe zuckte ich zusammen und hoffte, dass ich meine Mutter sehen würde. Der Krankenhausflur wirkte trostlos, ich war alleine mit meinen Gedanken, Sorgen und der Information, dass der Tumor erschreckend groß gewesen war.

Wieder öffnete sich die Türe und ein Pfleger schob endlich meine Mutter, die im Bett lag, heraus. Sie öffnete die Augen ein wenig und war sichtlich benommen von der Vollnarkose. Ich sprang sofort vom Stuhl auf und war unendlich erleichtert, dass sie den Eingriff gut überstanden hatte und jetzt wieder ansprechbar war. Als sie mich sah, huschte ein kurzes Lächeln über ihr Gesicht. Der Pfleger meinte, ich könnte jetzt mit auf die Station kommen.

Zurück im Zimmer wurde das Bett meiner Mutter an den bisherigen Platz geschoben und an den Strom angeschlossen.

„Jetzt haben Sie es geschafft", sagte der Pfleger freundlich. „Brauchen Sie noch etwas? Haben Sie Schmerzen?"
„Nein, vielen Dank", erwiderte meine Mutter leise.
Der Pfleger verließ das Zimmer und ich setzte mich zu meiner Mutter ans Bett.
„Stell dir vor, der Tumor war 15 cm lang und 1,4 kg schwer!"
„Ja, das ist einfach unglaublich", antwortete ich. „Eine Pflegerin von der Intensivstation hat mir vorher kurz Bescheid gegeben."
Die Größe des Tumors – und wie dieser aus der Lunge überhaupt entfernt werden konnte – war für uns beide völlig unvorstellbar.
„Der Eingriff wurde von der Seite vorgenommen, hat mir der Chirurg nach der Operation erklärt. Drei Rippen mussten leider dabei etwas gekürzt werden."
Ich schaute auf den neuen, mir schon bekannten Beutel für das Wundsekret und beobachtete kurz das Tropfen.

Wir unterhielten uns noch ein wenig, dann fielen ihr langsam die Augen zu. Ich spürte, wie sehr sie die Operation angestrengt hatte.
„Schlaf und erhole dich gut, Mama. Morgen komme ich dich wieder besuchen.“, sagte ich leise zum Abschied.

Als ich am darauffolgenden Tag wieder auf die Station kam, bot sich mir ein fast schon gewohntes Bild: Meine Mutter ging über den Flur der Station und schob dabei ihren Gehwagen, auf dem wieder der Beutel für das Wundsekret und die Schmerzpumpe lagen. Heute sah sie schon viel besser aus als gestern. Sie begrüßte mich freudig. Ich war perplex, dass sie nach einer so schweren Operation schon wieder auf den Beinen stand und sogar über die Station lief. Ich teilte ihr meine Verwunderung mit und lobte sie für ihre scheinbar unermüdliche Energie. Meine Mutter lächelte mich an und sagte:

„Ich bin so froh, dass ich beide Operationen so gut geschafft habe.“
Wir gingen langsam den Gang entlang, ich hörte ihr aufmerksam zu und teilte ihre Empfindungen. Dann blieb sie stehen, hielt die Griffe des Gehwagens fest in der Hand und schaute mir direkt ins Gesicht. Ich erwiderte ihren Blick und sah an ihren dunkelbraunen Augen, dass sie mir jetzt etwas sehr Ernstes sagen würde:
„Die Visite war heute Vormittag bei mir und mein Chirurg meinte, dass die Ärzte vermutlich an den Rändern des Tumors nicht alle Krebszellen entfernen konnten. Das sei ganz normal bei dieser Art der Operation.“
Ich spürte, wie die Angst in meinem Körper aufstieg und der Puls schlagartig beschleunigte, versuchte aber – um

meine Mutter nicht zu erschrecken – nach außen Ruhe und Gelassenheit zu zeigen.
„Nach dem Krankenhausaufenthalt soll ich möglichst bald eine Heilbehandlung machen, um wieder zu Kräften zu kommen. Anschließend wird mir angeraten, mit einer Chemotherapie zu beginnen."

Ich bewunderte die Stärke und Ruhe meiner Mutter, mit der sie mich über die aktuellen Pläne informierte. Von ihrem psychischen Befinden, über ihre Angst, Mutlosigkeit oder Verzweiflung, sprach sie nicht.

Das Wort „Chemotherapie" löste bei mir, genauso wie das Wort „Krebs", sofort Zukunftsängste aus. Ich behielt meine Sorgen für mich, wollte meine Mutter nicht beunruhigen und bemühte mich um einen positiven Zuspruch.

„Mit, beziehungsweise nach der Chemotherapie müssten ja dann theoretisch alle Tumorzellen unschädlich gemacht worden sein", sagte ich mit meiner laienhaften, naiven Vorstellung von dieser schweren Erkrankung.

Zu diesem Zeitpunkt glaubte unsere ganze Familie an eine positive Wirkung der Chemotherapie. Wir hofften, dass nach der Behandlung der Krebs für immer besiegt sein würde und meine Mutter wieder ein ganz normales Leben führen könnte.

Mittlerweile sitze ich schon lange auf meinem Holzstuhl auf dem Gang. Ich habe sehr viel geschrieben und beschließe an dieser Stelle meine Erinnerungen an die Vergangenheit. Mit schnellen Schritten verlasse ich durch die Glasdrehtüre das Krankenhaus. Frischer Wind empfängt mich und weht mir ins Gesicht. Es riecht nach Frühling, die Vögel zwitschern immer noch ganz laut. Hier draußen fallen die traurigen Erinnerungen von mir ab. Ich atme tief durch und genieße die gute Luft und die lebendige Natur.

4.2 Krankenhausbesuche positiv gestalten

Wer kennt nicht das beklemmende Gefühl, wenn man als Angehöriger ein Familienmitglied im Krankenhaus besucht. Wenn sich Ängste und Sorgen intensivieren, während man durch die Gänge in Richtung Krankenzimmer läuft und sich einem ungewohnte, zum Teil auch unangenehme, Gerüche beim Gehen durch die einzelnen Stationen aufdrängen.

Für Menschen, die ein Familienmitglied im Krankenhaus besuchen, können diese Kontakte – vor allem nach Operationen – unter Umständen sehr anstrengend sein. Sie erleben, vor allem nach schwierigen Eingriffen, eine gefühlsmäßige Ambivalenz zwischen Hoffnung und Verzweiflung.

Zum einen bemühen sich Angehörige, ihrem Gegenüber zuversichtlich aufzutreten und Hoffnung auf eine positive Entwicklung der Erkrankung auszustrahlen. Zum anderen werden sie im selben Moment der Begegnung mit der Krankheit konfrontiert. Es kostet viel Kraft, das eigene Erschrecken über die wahrgenommene Veränderung zu verarbeiten, gleichzeitig aber dem Familienmitglied ermutigend gegenüberzutreten.

Versuchen Sie, bei einem Besuch im Krankenhaus trotz der genannten Schwierigkeiten Ruhe und Gelassenheit auszustrahlen, um Ihren betroffenen Angehörigen nach einer schwierigen Operation nicht zusätzlich zu belasten.

Folgende Anregungen können dabei vielleicht behilflich sein:

- Für den Besuch im Krankenhaus ausreichend Zeit einplanen: Durch wenig Zeit entstehende Unrast überträgt sich unbewusst und kann zu einer Beunruhigung des Angehörigen führen.
- Sich bereits zu Hause gedanklich auf den nach der Operation veränderten Gesundheitszustand des Angehörigen vorbereiten: Es ist möglich, dass sich das Aussehen stark verändert hat (Gesichtsfarbe, diverse Schläuche wie Blasenkatheter oder auch Wunddrainagen), vielleicht muss sogar mit auftretenden Schmerzzuständen oder Bewusstseinstrübungen bei dem Familienmitglied gerechnet werden.
- Sich bei der Autofahrt zum Krankenhaus auf den Straßenverkehr konzentrieren: Man sollte versuchen, in diesem Zeitraum sorgenvolle Gedanken so gut wie möglich auszublenden. Bei Konzentrationsschwierigkeiten ist es sicherer, öffentliche Verkehrsmittel für die Fahrt zum Krankenhaus zu nutzen.
- Gemeinsam den Betroffenen besuchen: Einigen Angehörigen hilft es auch, den Krankenhausbesuch in Begleitung von mehreren Familienmitgliedern oder auch anderen Bekannten zu unternehmen. In diesem Fall kann man sich im Anschluss an den Besuch austauschen und die Eindrücke besprechen.
- Auf die Bedürfnisse des Erkrankten eingehen: Ganz wichtig ist, auf die Bedürfnisse (zum Beispiel nach

Ruhe oder auch Musik, nach der Wunschlektüre, zu Essen oder zu Trinken) des Angehörigen einzugehen und nach Möglichkeit Entsprechendes mitzubringen.

- Dekoration vorbereiten: Falls der Familienangehörige es mag, kann das Krankenhauszimmer mit Schnittblumen, Fotografien, selbst gemalten Bildern oder auch gebastelten, Dekomaterialien etc. persönlicher und schöner gestaltet werden.
- Das Gespräch mit dem Arzt suchen: Nach meiner Erfahrung werden Angehörige erst auf gezieltes Nachfragen über den Gesundheitszustand oder den Erfolg der Operation informiert. Deshalb wäre es ratsam, mit einem zuständigen Arzt bei dem ersten Besuch nach der Operation, wenn möglich zusammen mit dem erkrankten Angehörigen, zu sprechen. Genauere Informationen erleichtern möglicherweise den Umgang mit dem aktuellen Krankheitsgeschehen.
- Sich im Anschluss an den Krankenhausbesuch Zeit für sich selbst nehmen: Um die Eindrücke zu verarbeiten, hilft es, nach Bedarf mit vertrauten Menschen zu sprechen und neue Kraft bei schönen Unternehmungen – etwa bei einem Spaziergang an der frischen Luft – zu tanken.

Als Familienangehöriger erlebt man gemeinsam mit dem erkrankten Menschen zum Teil für die Dauer von mehreren Monaten einen sehr belastenden, emotionalen Zustand zwischen Hoffnung und Verzweiflung, was allen Beteiligten sehr viel Energie abverlangt. Es ist wichtig, während dieser Zeit immer wieder daran zu denken, die eigenen Kräfte aufzuladen und zu erhalten.

5 Die letzten Monate: Tiefes Mitgefühl und selbstlose Pflege

5.1 Chemotherapie und eine Schwimmnudel

Im Anschluss an ihren letzten Krankenhausaufenthalt kam meine Mutter im Januar 2011 für eine Heilbehandlung nach Bad Wiessee, einem malerischen Kurort etwa 50 Kilometer südlich von München. Sie konnte ihren Aufenthalt dort kaum genießen, da sie sich – besonders am Anfang – sehr alleine fühlte. Erst mit der Zeit nahm sie Kontakt zu anderen Patienten auf und lernte neue Menschen kennen, mit denen sie sich unterhalten konnte. Trotz neuer Bekanntschaften hatte meine Mutter immer wieder starkes Heimweh nach ihrer Familie, ihrem Haus und Garten.

Nach ungefähr drei Wochen ging es ihr aber sowohl physisch als auch psychisch besser. Sie hatte wieder Freude am Spazierengehen in der Natur gefunden und konnte mit normalem Appetit essen. Wir gaben uns der Illusion hin, die schwere Erkrankung sei vielleicht schon besiegt, und scheuten uns vor einem Ausblick in die Zukunft.

Ende Februar hatte meine Mutter einen Termin bei einer onkologischen Ambulanz. An diesem Tag besprach sie mit einer Onkologin die Folgen ihrer Erkrankung und die weitere Behandlung mit einer starken Chemotherapie.

Nach der Arbeit besuchte ich meine Mutter, um sie nach dem Ergebnis des Termins zu fragen. Als ich in das Wohnzimmer meiner Eltern kam, hörte sie laut klassische Musik und saß auf dem Sofa. Sie hatte ihren Kopf und Oberkörper ganz nach hinten gelehnt und Tränen liefen über ihr Gesicht. Ich erschrak sehr, versuchte trotzdem ruhig zu bleiben. Sie war tief in Gedanken versunken und bemerkte meine Anwesenheit erst, als ich mich neben sie auf das Sofa gesetzt hatte. Sie schien sich ihren Kummer nicht anmerken lassen zu wollen, wischte sich deshalb mit einer hastigen Bewegung die Tränen aus dem Gesicht. Schweigend hörten wir gemeinsam Musik, und ich fühlte, wie langsam meine Beklemmung und Angst zunahmen. Nach einiger Zeit stellte sie plötzlich die Musik leiser, schaute mich an und begann zu reden:

„Es sind Sarkome gewesen."
„Sarkome? Meinst du die Tumoren in deiner Lunge?"
„Ja, die Tumoren waren Sarkome. Eine seltene, hochaggressive Tumorart, bei der es keine Heilung gibt, sondern nur eine zeitliche Verzögerung der Krankheit durch eine starke Chemotherapie."

Sie hatte sehr leise mit mir gesprochen und am Ende des Satzes kamen ihr wieder die Tränen. Ich hatte Mühe meine Ruhe zu bewahren, verlor die Fassung und weinte mit ihr. Ich nahm die Hand meiner Mutter, hielt sie ganz fest und spürte den Schmerz der kommenden Veränderungen durch die schwere Erkrankung – und die Endlichkeit des Lebens. Es war einer dieser Momente, in dem wir zusammen in der Familie die Schmerzen und Verzweiflung miteinander teilten. Wir alle brauchten einige Tage um die Diagnose zu verarbeiten. Tage, an denen wir lernen mussten, mit der Endgültigkeit der Diagnose umzugehen.

Waren Sarkome tatsächlich unheilbar? Ich informierte mich bei Ärzten und auch im Internet. Die medizinischen Fakten zu dieser Tumorart waren erdrückend: *Ein metastasiertes Weichteilsarkom sei im Allgemeinen nicht heilbar. Die Fünf-Jahres-Überlebensrate im Stadium IV betrage zwanzig Prozent.* Mit dem Wissen um die Schwere der Erkrankung entschied ich mich, zukünftig meine Zeit ganz auf die Erfüllung möglichst aller Wünsche meiner Mutter auszurichten.

Deshalb fasste ich, nach einigen Tagen des Nachdenkens, den Entschluss, mich beruflich zu verändern. Ich würde weniger arbeiten, um mich die vielleicht letzten Monate (oder Jahre?) intensiv um meine Mutter kümmern zu können.

In der letzten Februarwoche 2011 begann der erste von insgesamt fünf aufeinander folgenden Chemotherapiezyklen. Jeder dieser Zyklen hatte dieselbe Abfolge: Vier Tage hintereinander musste meine Mutter in die onkologische Ambulanz fahren und bekam dort – über einen Zeitraum von mehreren Stunden – eine Reihe speziell für sie zusammengestellte Infusionen. Während der Chemotherapie verschlechterte sich ihr Gesundheitszustand von Tag zu Tag. Appetitlosigkeit, Müdigkeit, Erschöpfung, Übelkeit und die Irritation der Geschmacksnerven nahmen zu. Zwischen den Zyklen hatte meine Mutter jeweils drei Wochen Pause. In diesen Zeiträumen erholte sich der

Körper sichtlich, die Nebenwirkungen gingen zurück. Sie bekam wieder Appetit und konnte Verschiedenes essen und trinken. Phasen der Niedergeschlagenheit und Verzweiflung teilte meine Mutter mit ihrer Familie.

Im Laufe des zweiten Zyklus gab es eine schmerzvolle Situation, an die ich mich heute noch sehr gut erinnern kann. Ich besuchte meine Eltern am Feierabend, meine Mutter hatte Nudeln mit echter, selbstgemachter Tomatensauce in ihrer Lieblingspfanne gekocht. Nach dem Essen saßen wir auf dem Sofa und unterhielten uns. Plötzlich bekam meine Mutter einen sehr ernsten Gesichtsausdruck und sagte zu mir:

„Gehst du bitte an den braunen Schrank, holst den Fotoapparat und machst heute ein letztes Foto von mir?"
Der Schrecken schien mir deutlich ins Gesicht geschrieben zu sein. Daher erläuterte meine Mutter ihre Aussage sofort noch genauer:
„Meine Haare werden bald ausfallen. Es fängt jetzt schon an, dass die Haare morgens büschelweise auf meinem Kopfkissen liegen."
Ich fand zunächst keine Worte, spürte aber die Dringlichkeit ihrer Bitte.
„Ich möchte ein letztes Foto von meinen Haaren haben. Bevor sie mir dann ganz ausfallen, möchte ich mir die Haare beim Friseur ganz kurz rasieren lassen."

Ruhig, entschlossen und erwartungsvoll schaute sie mich an. Ich spürte, wie Angst und Traurigkeit meinen Puls beschleunigten, öffnete den Schrank und holte den Fotoapparat heraus. Dass ich meine Mutter das letzte Mal mit ihren Haaren fotografieren sollte, war sehr bedrückend für mich. Sie setzte sich mit geradem Rücken auf das Sofa und schaute direkt in die Kamera. Ich beobachtete sie durch den Sucher, fing an zu zittern und mir kamen die Tränen. Dann fotografierte ich sie drei Mal – in dem bitteren Bewusstsein, dass es die letzten Bilder mit Kopfhaaren, Wimpern und Augenbrauen waren.

Im Laufe der Chemotherapiebehandlungen lernte meine Mutter eine sehr freundliche und engagierte Krankenpflegerin kennen, die Acrylbilder malte und sie an den Wänden der onkologischen Ambulanz ausstellte. Während meine Mutter in den Behandlungsräumen Infusionen bekam, nutzte sie die Zeit des langen Wartens, um sich diese Acrylbilder sehr genau anzusehen. Ihr Lieblingsbild zeigte einen kleinen See, in dessen dunkler Wasseroberfläche sich der Himmel, die Wolken und die Bäume spiegelten. Sie kaufte dieses Bild und nahm es mit nach Hause. Mein Vater musste es über das Sofa im Wohnzimmer hängen.

Im Juni 2011 – meine Mutter hatte gerade ihre fünf Chemotherapiezyklen hinter sich gebracht – äußerte sie den Wunsch, den See auf dem Bild besuchen zu wollen. In unserem Bestreben, meiner Mutter trotz ihrer Erkrankung schöne Lebensmomente zu gestalten, machten wir uns an einem sonnigen Tag auf zu einem Ausflug. Die Straße dorthin ist sehr kurvenreich und schlängelt sich zwischen kleinen Hügeln hindurch. Nach wenigen Minuten Fahrt war auf der rechten Seite der kleine See zu sehen. Mein Vater parkte in einer Parkbucht direkt am Waldrand in der Nähe. Wir gingen über eine Schnellstraße, stiegen über die Leitplanke und standen schließlich direkt am Ufer.

„Wunderschön!", sagte meine Mutter zu meinem Vater, meiner Schwester und mir.

Ich schaute sie von der Seite an. Sie war nach der Chemotherapie sehr blass im Gesicht, fast etwas gelblich, und trug eine Baumwollmütze, um ihre nur millimeterkurzen Haare zu verbergen.
„Während meiner Chemotherapien habe ich mich immer darauf gefreut, diesen See eines Tages in Wirklichkeit sehen zu können."
Staunend wanderten wir als Familie am Ufer entlang und beobachteten die Umgebung. Wir sahen den Enten und Gänsen zu, die Wellen glitzerten in der Sonne und das Wasser spiegelte die Farben des Himmels wider. Wir betrachteten die Natur in aller Ruhe – schweigend. Versunken in diese Eindrücke schien die Zeit für einige Augenblicke ganz still zu stehen.
„Ein sehr malerischer, idyllischer See.", sagte ich zu meiner Mutter.
„Ich kann jetzt sehr gut verstehen, warum die Krankenpflegerin davon ein Acrylbild gemalt hat."

Wir genossen unsere gemeinsame Zeit am See mit dem Wunsch, dieser Augenblick möge bestehen bleiben. Die Sonne würde nicht mehr untergehen und jemand solle die Zeit anhalten. Damals ahnten wir nicht, dass noch sehr schwierige Tage und Wochen auf uns zukommen sollten.

Es ist ein lauwarmer Tag Mitte April 2015 und ich sitze mit Block und Kugelschreiber auf einer Wiese, umgeben von blühenden Schlüssel- und Gänseblümchen. Heute bin ich mit meiner Hündin Ronja, ein Dalmatiner, an diesen ganz besonderen, kleinen See gefahren, und wir sind durch die sumpfigen Frühlingswiesen am Ufer entlang gewandert.

Von meinem Sitzplatz auf der Wiese sehe ich auf das tiefdunkle, fast schwarze Wasser. Wie damals spiegelt sich darin die Umgebung. Diese Spiegelungen verändern sich durch leichte Winde, die sanft über die Wasseroberfläche streichen. Am Ufer wächst frisches, grünes Schilf. Verschiedene Bäume umranden an einigen Stellen den See und fügen sich in den idyllischen Gesamteindruck.

Einige der großen Bäume sind abgestorben – sie bestehen nur noch aus großen, breiten Ästen und haben weder Rinde noch Laub. Sie heben sich optisch von der malerischen Umgebung ab und bilden einen Kontrast inmitten der aufblühenden Frühlingslandschaft. Mich erinnern sie an die Vergänglichkeit des Lebens. Dieser See liegt landschaftlich sehr schön und hat, als Lieblingsort meiner Mutter in ihren letzten Lebensmonaten, eine ganz besondere Bedeutung für mich.

In meinen Gedanken kann ich sie auch heute noch vor mir sehen, wie sie zuletzt im Herbst 2011 über genau diese Wiese gegangen ist. Zu dem Zeitpunkt hatte sie schon wiederkehrende Tumorschmerzen, die damals nur noch mit Hilfe von Morphinpflastern unter Kontrolle gebracht werden konnten.

Das laute Summen einer Hummel holt mich aus meinen Gedanken in die Gegenwart zurück. Der Sonnenstand hat sich inzwischen verändert und mir ist ein wenig kalt geworden. Ich hole mir eine Decke aus dem Auto und suche mir eine neue Sitzgelegenheit am Waldrand. Mein Hund liegt neben mir und lässt sich die Frühlingssonne auf die Nase scheinen.

In den Monaten von Juni bis Oktober 2011 war meine Mutter völlig frei von Tumoren. In dieser Zeit vergaß ich die traurige Prognose „unheilbar“ und wir alle wähnten uns in der Hoffnung, es könnten keine Tumoren mehr kommen. Sie erholte sich sichtbar von ihren Chemotherapiebehandlungen und nutzte die Zeit für kleine Unternehmungen in die nähere Umgebung und das Arbeiten in ihrem geliebten Garten. Sie hatte immer verschiedene, blühende Pflanzen in den Beeten. An meinen Feierabenden half ich ihr oft bei der Gartenpflege: Unkrautjäten, Verblühtes abschneiden, Erde umgraben und auflockern. Mein Vater war vor allem für das Mähen des Rasens und das Zuschneiden der Bäume und Hecken zuständig. Sogar mein Hund beteiligte sich gerne und versuchte immer wieder, Löcher in die Wiese zu graben, oder übte sich darin, den blühenden Pflanzen die Blütenköpfe abzureißen.

In der Zeit um Pfingsten blühten die Pfingstrosen in verschiedenen Farben im Garten meiner Eltern: es waren die Lieblingsblumen meiner Mutter.

Im Sommer 2011 fotografierte sie hingebungsvoll diverse Blüten, besonders auch die großen, rosafarbenen der Pfingstrosen.

An einem Sommerabend saß ich mit meiner Mutter auf der Terrasse. Ich berichtete ihr von meinen Schwimmkursen am Nachmittag mit den Kindern im Freibad. Sie hörte mir aufmerksam und interessiert zu. Dann seufzte sie plötzlich und sagte zu mir:

„Ich würde auch so gerne mal wieder mit dir in das Freibad zum Schwimmen gehen. Das war im vergangenen Sommer so schön, das Schwimmen hat mir so gut getan.“

„Na klar, das machen wir wieder zusammen, ich nehme dich mit in das Freibad. Wann möchtest du gerne mitkommen?", erwiderte ich schnell, in dem Bemühen, ihr so viele Herzenswünsche wie möglich zu erfüllen.
„Wie soll ich das denn im Schwimmbecken machen? Ich glaube nicht, dass ich noch schwimmen kann. Mein linker Arm ist durch die seitliche Operation an der Lunge fast unbeweglich geworden."
„Ganz einfach", entgegnete ich und suchte schnell nach einer annehmbaren Lösung um ihr den Wunsch zu schwimmen erfüllen zu können. „Mit einer Schwimmnudel! Du legst sie dir unter die Arme, dann hast du einen guten Auftrieb und musst dich vorne mit den Armen nur wenig bewegen!"

Wir planten einen schönen, erholsamen Nachmittag im Freibad. Ich erklärte meiner Mutter, wie sie sich trotz der Einschränkung ihres Armes im Wasser bewegen könnte. Auf dem Nachhauseweg von meinen Eltern kaufte ich ihr sofort eine Schwimmnudel in blau, ihrer Lieblingsfarbe. Bei meinem nächsten Besuch brachte ich freudestrahlend die neue Schwimmnudel mit und stellte sie ins Wohnzimmer gut sichtbar neben das Klavier. Meine Mutter lag auf ihrem Sofa, beobachtete mich dabei und bekam plötzlich einen sehr traurigen Gesichtsausdruck.

„Ich darf momentan noch nicht zum Schwimmen gehen, sagt der Arzt. Ich habe mich extra erkundigt, weil ich doch so gerne ins Freibad fahren würde."
„Warum?", fragte ich mit großer Verwunderung und einem Anflug von Ärger.
„Mein Immunsystem ist durch die Chemotherapie so stark geschwächt, dass es für mich gefährlich werden

könnte, wenn ich eine Infektion bekäme. Daher darf ich frühestens drei Monate nach der letzten Behandlung ins Schwimmbad gehen."

„Juli, August, September...", rechnete ich laut. „Das wäre dann im Oktober? Das Freibad schließt aber schon im September mit dem Beginn des neuen Schuljahres!", entgegnete ich traurig.

„Und wenn wir morgens zum Schwimmen gehen? Das Wasser wird über Nacht gereinigt, außerdem gut gechlort! Dann sind besonders wenig Keime im Wasser!"

Meine Mutter schüttelte den Kopf, sie hatte keinen Mut und wollte sich strikt an die Anweisung des Arztes halten.

Vielleicht hätte das Schwimmen meine Mutter so glücklich gemacht, dass es ihr physisch und psychisch besser gegangen wäre? Wie konnte es sein, dass einer Krebspatientin, die unheilbar krank war, von dem Wunsch, schwimmen zu gehen, abgeraten wurde? War ein gechlortes Schwimmbadwasser so stark mit Keimen belastet, dass sich eine Krebspatientin tatsächlich eine Infektion holen konnte? Das wollte ich beim besten Willen nicht glauben und hielt es für übertriebene Vorsicht des Arztes. Gefühle wie Verzweiflung und Wut vermischten sich mit der Traurigkeit über die Ausweglosigkeit der Erkrankung.

Die blaue Schwimmnudel blieb in den folgenden Monaten unbenutzt im Wohnzimmer stehen. Im Oktober hatte ich noch die Hoffnung, mit meiner Mutter in ein Hallenbad fahren zu können – doch es sollte dann ganz anders kommen. Die blaue Schwimmnudel blieb bis zum Lebensende meiner Mutter im Wohnzimmer meiner Eltern neben dem Klavier stehen – als Erinnerung an die schönen Momente im türkisblauen Wasser, als Erinnerung an den Wunsch, noch einmal in ihrem Leben im Freibad schwimmen zu können.

Im Verlauf des Sommers fuhren wir, wenn meine Mutter den Wunsch äußerte, zusammen an den kleinen See. Sie nahm bei den Ausflügen ihren Fotoapparat mit und fotografierte dort zu unterschiedlichen Tageszeiten, um verschiedene Stimmungen einzufangen. In den Monaten während und nach der Chemotherapie versuchten alle Familienmitglieder, ihre vielfältigen Wünsche möglichst zeitnah umzusetzen und ihr damit Freude zu bereiten.

Ich beginne ein wenig zu frieren und sitze immer noch am See, meine Beine in eine Decke gehüllt und den Schreibblock auf meinem Schoß. Die Sonne steht schon ziemlich tief, und ich beschließe, langsam einzupacken und nach Hause zu fahren. Zum Abschluss schaue ich nochmal hinüber zu einem kleinen Hügel am linken Seeufer und werde wieder von traurigen Erinnerungen überwältigt:

Im November 2011 waren wir für einen Spaziergang das letzte Mal zusammen an diesem See. Ich sehe meine Mutter noch vor mir, wie sie sehr langsam diese kleine Anhöhe hinauf ging und stehen blieb. Ein Blick in ihr Gesicht verriet mir, dass sie starke Schmerzen hatte. Plötzlich drückte sie ihre Faust in die linke Hälfte des Brustkastens und sprach genau das aus. Wir konnten den Spaziergang nicht mehr fortsetzen und mussten zum Auto zurückkehren.

Wenige Tage nach unserem kurzen Ausflug an den See besuchte ich meine Eltern und half ihnen, Krokus- und Tulpenzwiebeln im Garten einzupflanzen. Mein Vater hatte mich um Hilfe gebeten, da meine Mutter körperlich etwas schwächer geworden war. Ihr war es sehr wichtig, viele bunte Tulpen einzusetzen und den Garten perfekt für den Winter vorzubereiten. Während mein Vater und ich die Erdlöcher für die Zwiebeln vorbereiteten, sprach er mich leise an:

> *„Kannst du dir nachher bitte mal den Rücken von der Mama ansehen? Da sind ganz komische, kleine ‚Hügelchen' zu sehen, fast wie zu groß geratene Mückenstiche."*

Als wir mit dem Einpflanzen der Frühlingsblumen fertig waren und mit frisch gewaschenen Händen im Wohnzimmer am Esstisch saßen, begann meine Mutter mit einem Gespräch und zog langsam ihr T-Shirt am Rücken nach oben. Ich stand auf und sah mir, zusammen mit meinem Vater, den Rücken genau an.

Es waren zwei „Hügelchen" zu sehen, deutlich größer als Mückenstiche, farblich unauffällig und ziemlich hart beim Abtasten.

Ich spürte, wie mir schlagartig der Atem stockte und mein Puls zu rasen begann: Der Krebs ist zurück, das sind neue Tumoren!

Ich kämpfte gegen meine Tränen an, versuchte ruhig zu bleiben und sagte zu meiner Mutter, dass sie sich unbedingt demnächst zur Kontrolle beim Arzt vorstellen sollte.

5.2 Wünsche erfüllen – wie man als Angehöriger helfen kann

Die Notwendigkeit einer chemotherapeutischen Behandlung kann die subjektive Empfindung des erkrankten Menschen und der Angehörigen in Bezug auf die Heilungschancen erheblich beeinflussen. Die Ankündigung der Onkologin, dass beim Krankheitsverlauf meiner Mutter eine Chemotherapie notwendig sei, um die Entstehung neuer Tumoren zu vermeiden und das Fortschreiten der Erkrankung etwas aufhalten zu können, war für die ganze Familie damals sehr belastend.

Darüber hinaus wirkte die klare Aussage der Onkologin, dass die Krebserkrankung meiner Mutter unheilbar war, für die ganze Familie lebensverändernd. Wir brauchten zunächst einige Tage, um diese Diagnose zu verarbeiten – teilten Schmerz und Verzweiflung miteinander. Dann holte ich von weiteren Ärzten meines Vertrauens Informationen zur Erkrankung mit Sarkomen ein. Schließlich konnten wir nach geraumer Zeit die Diagnose annehmen, den Blick nach vorne ausrichten und die Konzentration auf den Genuss schöner Lebensmomente lenken. Im Verlauf der Monate geriet die Diagnose sogar etwas in Vergessenheit.

Wenn man sich in der Familie mit einer von ärztlicher Seite empfohlenen Chemotherapie auseinandersetzen muss, ist es ratsam, sich zunächst in aller Ruhe – und möglichst unvoreingenommen – umfassende Informationen bei dem behandelnden Arzt einzuholen. Was ist die Zielsetzung der chemotherapeutischen Behandlung? Ist eine Heilung der Krebserkrankung oder die Verlängerung der Lebenszeit möglich? Die Zusammensetzung und die Dosierung der Medikamente, sowie die Dauer der Zyklen, richten sich nach der Art der Krebserkrankung und werden vom behandelnden Onkologen entsprechend der individuellen Bedürfnisse zusammengestellt.

Auch die Nebenwirkungen der Chemotherapie können sehr unterschiedlich ausfallen. Meine Mutter litt während der Zyklen ihrer sehr intensiven Behandlung an Appetitlosigkeit, Müdigkeit, Erschöpfung, Übelkeit, Entzündungen der Mundschleimhaut und Irritationen der Geschmacksnerven. In den „Ruhephasen", das heißt in den Zeiten zwischen den Zyklen, erholte sie sich immer wieder und die Symptome gingen zurück. Einige der Begleiterscheinungen – wie zum Beispiel Übelkeit – konnten mit zusätzlichen Medikamenten gut behandelt werden.

Der Haarausfall ist häufig auch eine Begleiterscheinung der Chemotherapie. Meine Mutter ließ sich zu Beginn des Haarverlustes ein letztes Mal mit ihren Haaren von mir fotografieren und bat anschließend ihre Friseurin, alle Haare auf etwa drei Millimeter Länge zu rasieren, um das Ausfallen der Haarbüschel nicht erleben zu müssen. Sie kaufte sich verschiedenfarbige, schöne Baumwollmützen und kaschierte damit ihre kurzen Haare. Im Internet können unterschiedliche Mützen, Kopfbedeckungen oder auch Augenbrauen zum Aufkleben bei diversen Websites online bestellt werden. Über Suchmaschinen sind entsprechende Seiten leicht zu finden.

Zu allen Fragen der Krebserkrankung (z. B. Behandlungsverfahren, Krankenhaussuche, Suche nach onkologischen Zentren, Nebenwirkungen der Chemotherapie, Schmerzen, palliative Versorgung und vieles mehr) können Sie sich im Internet informieren (z. B. www.infonetz-krebs.de). Für persönliche Gespräche können Sie in Deutschland folgende Telefonnummer kostenlos anrufen: 0800/80 70 88 77 (Mo. bis Fr. 8–17 Uhr), oder eine E-Mail schreiben an: krebshilfe@info-netz-krebs.de.

Zielsetzung einer onkologischen Behandlung ist nach *Dorfmüller / Dietzfelbinger (2009)* eine umfassende Betreuung der Patienten entsprechend ihrer individuellen Bedürfnisse und Vorstellungen zur Optimierung ihrer Lebensqualität:

> *„Das Ziel besteht darin, den Patienten mit einer Krebserkrankung wenn möglich zu heilen, die Beschwerden bestmöglich zu lindern, die körperlichen Funktionen zu verbessern, die Selbständigkeit zu erhalten und ihn wieder in sein soziales Umfeld zu integrieren." (Dorfmüller / Dietzfelbinger 2009, 56)*

Die beiden Autoren benennen in ihrem Buch drei Hauptbereiche (nach einer Definition der World Health Organisation – WHO): die körperliche (Physis), seelische (Psyche) und soziale Befindlichkeit. Die subjektive Lebensqualität von Krebspatienten wird nach ihrer Meinung, neben objektiven Faktoren wie der Erkrankungs-, Behandlungs- und Lebenssituation, auch von Eigenschaften der Persönlichkeit wie Optimismus, Urvertrauen und individuellen Anpassungsmöglichkeiten beeinflusst *(Dorfmüller / Dietzfelbinger 2009)*.

Umso bedeutsamer ist die soziale und emotionale Unterstützung durch die Familienangehörigen. Sie können die Lebensqualität eines erkrankten Menschen erheblich verbessern, indem sie Wünsche des Betroffenen nach Möglichkeit erfüllen und auf die individuellen Bedürfnisse eingehen. Das ist eine bedeutsame Aufgabe der Angehörigen, die auch als sehr positiv erfahren werden kann.

Wichtig ist, dass man offen mit dem Erkrankten – und auch mit allen Familienangehörigen – über die individuellen Wünsche, zum Beispiel nach Reisen, verschiedenen Unternehmungen oder auch kleineren Ausflügen, spricht. Gerade während einer sehr intensiven, belastenden Chemotherapie können die kleinen, gemeinsamen Erlebnisse eine große Bedeutung haben und auch noch Jahre später in Erinnerung bleiben. Am besten klärt man mit dem behandelnden Arzt ab, inwieweit Aktivitäten (wie zum Beispiel Schwimmen) trotz der Chemotherapie möglich sind. Das Erleben schöner Momente sollte Priorität haben. Glücksmomente steigern die Lebensqualität und können sich positiv auf die Lebenserwartung auswirken.

In Deutschland gibt es hierzu ein einmaliges Projekt in Hamburg. Die Infinitas-Kay-Stiftung erfüllt schwerstkranken Menschen, die im Hospiz oder zu Hause palliativ versorgt werden, letzte Wünsche und Herzensanliegen. Weitere Informationen dazu sind unter www.ein-letzterwunsch.de oder www.infinitas-kay-stiftung.de zu finden.

Menschen, die an einer unheilbaren Krebserkrankung leiden, müssen zwischen einer Lebensverlängerung durch die Chemotherapie (mit möglichen Einschränkungen aufgrund der Nebenwirkungen) oder – wenn sie einer Chemotherapie nicht zustimmen – mit einer verkürzten Lebenszeit mit möglicherweise mehr Lebensqualität entscheiden. In jedem Fall sollte man versuchen, den betroffenen Familienangehörigen bedingungslos entsprechend seiner Vorstellungen und Entscheidungen zu unterstützen und die herangetragenen Wünsche ohne Vorbehalt zu erfüllen.

Als mir damals (im Herbst 2011) klar wurde, dass es durch die Chemotherapie für meine Mutter nur mehr eine Lebensverlängerung, aber keine Heilung gab, veränderte ich augenblicklich meine berufliche Tätigkeit, um für die flexible Gestaltung ihrer letzten Lebensmonate möglichst viel Zeit zu haben. Ich stellte mich (genauso wie mein Vater und meine Schwester) ganz und gar auf ihre Wünsche und Bedürfnisse ein und gemeinsam versuchten wir, ihr jeden Tag (trotz der schwierigen Umstände) so schön und angenehm wie möglich zu gestalten. Ich veränderte außerdem meine Haltung zur Krankheit meiner Mutter, versuchte den Erkrankungsverlauf anzunehmen und richtete mein Hauptaugenmerk auf die schnelle Umsetzung ihrer Wünsche. Ich betrachtete die gemeinsam erlebte Zeit, jeden einzelnen Tag, als ein großes Geschenk.

Gemeinsame, positive Erlebnisse – wie zum Beispiel an einem schönen Ort spazieren gehen oder etwas sehr leckeres kochen und essen – können als nur kleine Glücksmomente erscheinen. Sie waren aber damals von großer Bedeutung für uns und sind auch heute noch eine sehr wertvolle Erinnerung.

Dorfmüller, M., Dietzfelbinger, H. (Hrsg.) (2009): Psychoonkologie. Diagnostik – Methoden – Therapieverfahren. 3. Aufl. Urban und Fischer in Elsevier, München

6 Unheilbar krank – wie geht es weiter?

6.1 Die Entscheidung auf der Palliativstation

Im November 2011 vereinbarte meine Mutter, aufgrund der zunehmenden Schmerzen und der nach außen sichtbaren Tumoren, zur Abklärung einen Termin mit der onkologischen Ambulanz. Die Ärzte empfahlen meiner Mutter, für weitere, genauere Untersuchungen ein paar Tage im Krankenhaus zu bleiben. Kurze Zeit später wurde sie dort stationär aufgenommen.

Zu diesem Krankenhaus, in dem meine Mutter in der onkologischen Ambulanz zunächst ihre Chemotherapie bekam und schließlich auf einer Palliativstation ein letztes Mal behandelt wurde, fahre ich heute, Ende April 2015. Trotz zunehmender Bewölkung ist es ein sehr warmer Frühlingstag.

Ich setze mich in den Garten der Klinik und beginne zu schreiben. Mein Blick schweift entlang blühender Bäume hinüber zu der weißen Hauswand des Krankenhauses. Ich blicke sehr lange zum Fenster im zweiten Stock. In diesem Palliativzimmer lag meine Mutter im März 2012.

Während ich auf der Holzbank sitze und dem Vogelgezwitscher lausche, betrachte ich die Fassade des Krankenhauses und den Eingang sehr genau. Dabei merke ich, wie diese Umgebung meine Gefühle und Erinnerungen wieder sehr lebendig werden lässt. Intensiv spüre ich den wieder auflebenden Schmerz in der letzten Lebensphase meiner Mutter. Bei dem Gedanken an diese Zeit merke ich, wie die Trauer noch in mir steckt und sich meine Rückenmuskulatur im Sitzen zunehmend verkrampft.

Nach zwei Tagen und diversen Terminen, die für meine Mutter sehr anstrengend waren, fuhr ich in die Klinik, um sie zu besuchen.

Auf dem Weg zu ihrem Zimmer traf ich zufällig die zuständige Palliativärztin auf dem Flur. Ich nutzte die Gelegenheit und fragte sie direkt nach dem Gesundheitszustand meiner Mutter. Die Ärztin wirkte etwas ängstlich und nervös. Es war ihr sichtlich unangenehm, mit mir über das aktuelle Befinden meiner Mutter – und, dass sich weitere Tumoren entwickelt haben – zu reden. Sie bat mich kurz in das Stationszimmer und sagte mir, dass eine Heilung des aktuellen Krebsleidens unmöglich wäre und wir uns mit dieser Situation auseinandersetzen müssten. Weitere Operationen oder Chemotherapiezyklen könnten die Lebensdauer noch ein wenig verlängern, aber die Erkrankung nicht heilen.

Konzentriert und mit zunehmender Pulsfrequenz hatte ich der Ärztin zugehört. In diesem kurzen Gespräch wurden für mich mit einem Schlag die Schwere und die Endgültigkeit der Erkrankung meiner Mutter sehr deutlich. Das letzte Fünkchen Hoffnung war zerschlagen. Fassungslos starrte ich die Ärztin an, ihre letzten Worte hallten noch in meinem Kopf nach, und Tränen schossen mir in die Augen.

„Das heißt? Meine Mutter wird bald sterben?", fragte ich die Ärztin.
Nachdem ich das Wort „sterben" ausgesprochen hatte, konnte ich mein Weinen nicht mehr unter Kontrolle halten.
Betroffen und zunächst sprachlos sah mich die Ärztin an, sie schien um die passenden Worte zu ringen.
„Es ist eine unheilbare Krebserkrankung und wir können leider nicht sagen, wieviel Lebenszeit Ihrer Mutter noch bleibt. Versuchen Sie, die letzten Monate so schön wie möglich für Ihre Mutter zu gestalten."
Zum Abschluss meinte die Ärztin: „Ich denke, dass das jetzt eine sehr schwierige Situation für Sie ist. Meine Eltern leben noch, ich weiß nicht, wie es mir in dieser Situation ginge."

Im Eingang des Stationszimmers stehend starrte ich die Ärztin fassungslos an. Ich kämpfte mit Gefühlen der Verzweiflung, Trauer, Wut und Aggression. Dann hatte ich genug von dieser grotesken Gesprächssituation. Ich sammelte mich, wischte mir die Tränen aus dem Gesicht und ging – mit dem Bemühen, meine Fassung wieder herzustellen – über den Stationsgang in das Zimmer meiner Mutter.

Entspannt und vollständig angezogen saß sie auf ihrem Bett und freute sich über meinen Besuch. Ich setzte mich auf einen Stuhl zu ihr und gemeinsam ließen wir den Blick zunächst nach draußen schweifen. Aus großen Fenstern schauten wir nach rechts auf einen schönen Garten mit dem See im Hintergrund. Dann sah meine Mutter mir ins Gesicht. Ihre Augen waren sehr dunkel, ihre Mimik wirkte zum einen traurig, zum anderen gelöst – und, vor allem, gefasst.

„Ich habe gerade die Ärztin auf dem Gang getroffen und sie berichtete mir, dass du einige neue Tumoren hast."
Trotz dieser einschneidenden Diagnose wirkte meine Mutter äußerlich sehr ruhig. Sie schien sie schon angenommen zu haben:
„Ja, im gesamten Bauchraum haben sie neue Tumoren gefunden. Weitere Operationen sind nahezu unmöglich, da es einfach zu viele sind. Ich möchte es jetzt nochmal mit einer anderen Chemotherapie versuchen, um damit vielleicht noch ein wenig Lebenszeit gewinnen zu können."
Mutig und entschlossen, diesen Weg mit einer neuen Behandlung weiterzugehen, schaute sie mich an. Ich drückte ihre auf dem Bett liegende Hand ganz fest und sagte ihr, dass ich sehr stolz auf sie bin.
„Es geht mir sehr gut hier auf der Station. Ich bekomme lauter leckere Sachen zu essen und gegen meine Schmerzen habe ich Morphinpflaster auf meinem Rücken."

Wir unterhielten uns sehr lange und in aller Ruhe – über ihre Krankheit, aber auch über zukünftige Unternehmungen, die meine Mutter noch in die Tat umsetzen wollte. Ich versicherte ihr, sie bei allen Wünschen und Plänen zu unterstützen und mir viel Zeit für sie zu nehmen. Als ich dann das Zimmer meiner Mutter wieder verließ, blickte ich vor dem Schließen der Türe noch einmal zu ihr hinüber. Sie war sehr dünn geworden, die Krankheit hatte sie stark verändert. Ich hatte die Türklinke in der Hand, winkte ihr zu und spürte die Liebe zu meiner Mutter, aber auch den starken Schmerz über die Schwere der Krebserkrankung.

Nach diesem Klinikaufenthalt folgte schon bald eine weitere, starke Chemotherapie in der onkologischen Ambulanz. Die ganze Familie spürte von Tag zu Tag stärker, dass die Lebenszeit meiner Mutter nur noch auf wenige Monate beschränkt sein würde, und wir diese verbleibende Zeit sehr intensiv nutzen mussten. Wir stellten unser Leben auf sie ein und versuchten gemeinsam, alle geäußerten Wünsche – zum Beispiel, in ihre Lieblingsgärtnerei und -bücherei oder in die Stadt zu fahren – zu erfüllen.

Ich kann mich noch sehr gut und schmerzvoll an einen gemeinsamen Ausflug in ein Möbelhaus erinnern. Meine Schwester brauchte für ihr Badezimmer ein kleines Regal und einen Badteppich. Es war unserer Mutter sehr wichtig, mit allen gemeinsam die neuen Badutensilien einzukaufen. Da sie zu diesem Zeitpunkt schon ziemlich geschwächt war und keine langen Distanzen mehr laufen konnte, lieh ich mir von meiner Arbeitsstelle einen Rollstuhl. Wir schoben unsere Mutter durch alle Etagen, die sie gerne besichtigen wollte. Als wir dann die entsprechenden Möbel für meine Schwester gefunden hatten, war meine Mutter sehr glücklich. Sie bestellte das Regal beim Verkäufer und führte das ganze Gespräch. Ich beobachtete sie dabei und mir wurde klar, dass sie an diesem Tag sicherlich zum letzten Mal in einem Möbelhaus war. Das bedrückte mich sehr. Ich bemühte mich, mir nichts anmerken zu lassen. Nach diesem Einkauf wollte meine Mutter nochmal in die Wohnung meiner Schwester nach Pasing, einem Stadtteil von München, fahren. Kurze Zeit nach unserer Ankunft in der Wohnung legte sie sich auf das Bett und meinte, sie habe recht starke Tumorschmerzen. Etwas später wollte sie dann nach Hause, um Medikamente einnehmen zu können. Den Moment, als wir dann in meinem Auto saßen, meine Schwester winkend in der Haustüre stand und wir langsam aus der Straße fuhren, werde ich niemals vergessen.

„Mir ist, als hätte ich die Wohnung und Pasing zum letzten Mal gesehen.“, sagte meine Mutter zu mir beim Anfahren.

Rückblickend zu diesem Ausflug kann ich sagen: Meine Mutter hatte damals Recht behalten.

Im Verlauf ihrer letzten beiden Chemotherapiebehandlungen nahm die körperliche Erschöpfung deutlich zu. Meine Mutter kämpfte in dieser Zeit mit all ihrer Energie gegen die Krebserkrankung, um noch möglichst lange am Leben und bei uns zu bleiben.

Im Dezember 2011, während der zweiten Behandlung und auch nach deren Abschluss hatte meine Mutter sehr starke Nebenwirkungen und erholte sich nur langsam davon. Ihre Mundschleimhaut war stark angegriffen, sie hatte Probleme mit dem Magen- und Darmtrakt und konnte fast nichts mehr essen. Die Chemotherapie hatte keinen Einfluss mehr auf die Tumoren – sie nahmen an Größe zu.

In einem gemeinsamen Gespräch mit der ganzen Familie sprachen wir über ihren Gesundheitszustand.

Ich sagte zu meiner Mutter: „Du, ich habe den Eindruck, dass die Behandlungen zu einer Qual für dich geworden sind. Möchtest du wirklich die Therapien weiterhin fortsetzen? Wegen uns musst du dich dieser starken Che-

motherapie nicht weiter unterziehen. Wir wollen nämlich nicht, dass du dauernd unter den Nebenwirkungen leiden musst."

Zwei Tage nach unserem Gespräch stornierte meine Mutter alle weiteren Behandlungstermine in der onkologischen Ambulanz. Sie gab später zu, sie hätte die Behandlungen nur aus dem einen Grund fortgesetzt: Um die Lebenszeit mit uns noch verlängern zu können. Die Nebenwirkungen der Chemotherapie hatten jedoch ein nicht mehr erträgliches Ausmaß erreicht.

Die Vorbereitungen für das Weihnachten 2011 waren für die ganze Familie sehr schwierig. Zum einen bemühten wir uns, unserer Mutter trotz der Krankheit eine gute Zeit und schöne Tage zu gestalten. Zum anderen wussten wir alle, dass es unser letztes gemeinsames Weihnachtsfest sein würde. Diese tägliche Auseinandersetzung, die Ambivalenz der Gefühle, kostete uns alle sehr viel Kraft.

Wir versuchten, das Beste aus der Situation zu machen, und überlegten uns viele kleine Überraschungen: Meine Schwester und ich füllten einen Adventskalender mit Geschenken, die man entweder im Alltag gut gebrauchen oder gleich essen konnte. Als sie nach einem ihrer Arzttermine nach Hause kam, hatten wir ihre Abwesenheit genutzt und den Adventskalender neben ihrem Bett aufgehängt. Sie war sehr überrascht und fing vor Freude an, zu weinen. An einem anderen Tag wünschte sich meine Mutter von mir, Holzsterne mit Acrylfarbe zu bemalen. Ich kaufte daher entsprechendes Holz im Baumarkt und sägte verschiedene Sterne aus. An einem Nachmittag, als es ihr ein wenig besser ging, setzten wir uns gemeinsam an den Wohnzimmertisch. Obwohl sie damals schon sehr schwach war, nahm sie sich die Zeit und bemalte alle ihre Sterne mit feinen Mustern.

Zu diesem Weihnachten wollte meine Mutter einen besonderen und großen Weihnachtsbaum im Wohnzimmer. Mein Vater kaufte daher eine außergewöhnlich schöne Tanne, die bis zur Wohnzimmerdecke reichte und sogar vor dem Aufstellen noch gekürzt werden musste. Gemeinsam schmückten meine Mutter und ich ihren letzten Weihnachtsbaum. Zunächst verteilten wir gemeinsam die Lichterketten und die ersten Christbaumkugeln. Dann hatte meine Mutter das Bedürfnis, sich auf das Sofa zu legen, und schaute mir beim Dekorieren zu. Ich fragte sie einfach, wie der Baumschmuck verteilt werden sollte.

An Heiligabend kochte ich für die ganze Familie das Essen und im Anschluss spielten wir verschiedene Brettspiele. Der ganze Abend wurde entsprechend ihren Wünschen gestaltet, und sie war – trotz ihrer schweren Erkrankung – sehr gut gelaunt, fröhlich und schien jede Minute zu genießen. Es war ein schönes, aber auch anstrengendes Weihnachten. Der Weihnachtsbaum stand auf Wunsch meiner Mutter noch bis zu ihrem Geburtstag am 18. Januar 2012 im Wohnzimmer.

Ich sitze immer noch auf der Holzbank im Garten des Krankenhauses. Die letzten Seiten und Zeilen habe ich in großer Geschwindigkeit geschrieben, die Gefühle und Gedanken sind förmlich aus mir herausgeflossen. Die Zeit und meine Umgebung habe ich dabei vergessen. Es fängt jetzt an, zu regnen und mein Papier wird nass. Ich beschließe daher, in die nahegelegene Eisdiele hinüber zu gehen.

In der Eisdiele setze ich mich an einen Tisch, von dem aus ich sehr gut zur Klink hinübersehen kann. Der Himmel ist mittlerweile wolkenverhangen, und es regnet unaufhörlich. Jetzt, in diesem verdunkelten Tageslicht, sieht das Krankenhaus noch trostloser aus. Oder sind es meine Erinnerungen, die mir diesen traurigen Eindruck vermitteln? Ich gehe in Gedanken zurück in den Frühling 2012.

Nach dem Geburtstag meiner Mutter, der leider damals sehr unschön verlaufen ist, verschlechterte sich ihr Gesundheitszustand in den nächsten drei Monaten zunehmend. Die Schmerzen, die körperliche und psychische Erschöpfung nahmen kontinuierlich zu. Durch die vielen Wechsel der Morphinpflaster hatte sich die Haut am Rücken verändert und war stark gerötet. Meine Mutter wurde außerdem noch dünner und hatte weniger Appetit. Ausflüge und Unternehmungen waren kaum mehr möglich – oder nur von kurzer Dauer. Meine Mutter ließ sich jedoch nicht unterkriegen und stand weiterhin immer wieder in der Küche, um beim Kochen oder Backen zu helfen. Sie begegnete ihrer schweren Erkrankung mit bewundernswerter Stärke, Mut, Geduld und Durchhaltevermögen.

Ende März 2012 – die Tumorschmerzen hatten stark zugenommen – konnte meine Mutter eines Abends die Schmerzintensität mit ihren Medikamenten nicht mehr kontrollieren. Mitten in der Nacht fuhr mein Vater mit ihr dann ins Krankenhaus. Sie wurde noch in der Nacht über ihren Port (ein intravenöser Zugang unterhalb des Schlüsselbeins) an eine computergesteuerte Morphinpumpe angeschlossen. Durch diese durchgehende Behandlung mit dem Schmerzmittel ging es meiner Mutter in den folgenden Tagen zunächst gut. Dass sie damals in einem sogenannten Palliativbett lag und als Palliativpatientin versorgt wurde, erfuhr ich erst viel später.

Zwei Tage danach besuchte ich mit meiner Schwester unsere Mutter im Krankenhaus. Als wir in das Zimmer kamen und ich sie im Bett liegen sah, hatte ich Mühe, meinen Schrecken zu verbergen. Bei ihrem Anblick wurde mir die zunehmende Verschlechterung des Gesundheitszustandes deutlich vor Augen geführt.

Sie bekam nach wie vor kontinuierlich über ihren Port das Morphin und wirkte ein wenig benommen. Dennoch freute sie sich sehr über den Besuch ihrer Töchter, zeigte sich in guter Laune und witzelte sogar über ihre Situation. Meine Mutter genoss das Zusammensein mit uns, ließ sich Geschichten aus unserer Arbeit erzählen und hörte aufmerksam zu. Keinen Augenblick ließ sie sich ihre schwere Erkrankung anmerken. Meine Schwester und ich bemühten uns, ebenso positiv zu bleiben und eine lockere, aufmunternde Unterhaltung zu führen.

Wenige Tage später hatte sich der Gesundheitszustand meiner Mutter weiter verschlechtert. Die Tumorschmerzen und die körperliche Erschöpfung hatten zugenommen, deshalb war die Morphindosis erhöht worden. Als ich einige Zeit nach dem letzten Besuch mit meiner Schwester zu meiner Mutter in das Krankenhaus ging, hatte man sie in ein anderes, deutlich kleineres Zimmer verlegt. Es war das Zimmer im zweiten Stock mit dem weißen Fenster, mit Blick in den Garten und zum Eingangsbereich der Klinik.

Ich war schockiert, als ich sie beim Betreten des Zimmers mit ihrem Nachthemd im Bett liegen sah, nach wie vor angeschlossen an den Morphincomputer und vor allem mit einem deutlich veränderten Gesichtsausdruck. Ich setzte mich langsam und leise – um sie nicht zu erschrecken – zu ihr an das Bett und hielt vorsichtig ihre Hand.

„Hallo Mama", sagte ich leise. „Wie geht es dir heute?" „Die Schmerzen sind wieder schlimmer geworden, heute Morgen wurde die Morphindosis nochmals erhöht."

Zu meinem Entsetzen hatte meine Mutter deutliche Schwierigkeiten, sich zu artikulieren. Ich ließ mir nichts anmerken und hörte ihr geduldig zu.

Mein Blick wanderte zur Morphinpumpe am Infusionsständer: Ein kleiner Computer steuerte sie so, dass fortwährend das Schmerzmittel durch einen langen Schlauch in die Portnadel meiner Mutter floss. Die Menge der stündlichen Abgabe hatte sich erhöht.

Plötzlich sagte meine Mutter, dass sie auf die Toilette gehen müsse, und bat mich um Hilfe wegen des Infusionsständers. An diesem Tag war es das erste Mal im Zeitraum der Erkrankung, dass ich meiner Mutter aus dem Bett helfen und sie mit dem Ständer zur Toilette begleiten musste. Erschreckt stellte ich fest, dass sie eine „Windel" trug und diese nicht mehr alleine öffnen konnte. Da ich damals mit dem Waschen im Stehen und dem Anlegen einer Inkontinenzeinlage bei einem erwachsenen Menschen noch nicht umgehen konnte – und auch große Scham empfand, die eigene Mutter nach der Toilette zu waschen – klingelte ich nach einer Krankenpflegerin.

Der Anblick der Hilflosigkeit meiner Mutter ging mir damals durch Mark und Bein. Ich musste erkennen, dass sich meine Mutter im letzten Stadium ihrer schweren Erkrankung befand.

Nachdem sie frisch gewaschen wieder im Bett lag, holte ich ihr eine Vase für die mitgebrachte Rose. Ich stellte die Blume an das Fenster und setzte einen kleinen Stoffosterhasen daneben. Dabei sah ich kurz hinunter in den Garten des Krankenhauses. Es war ein sehr warmer Tag, viele

Bäume standen schon in voller Blüte. Im Eingangsbereich entdeckte ich zwei Holzbänke und wusste damals noch nicht, dass ich auf einer dieser Bänke 2015 sitzen und die Krankengeschichte meiner Mutter aufschreiben würde.

Zum Abschied meines Besuches umarmte ich meine Mutter sehr lange und sagte ihr, dass ich sie liebe. Da sie an diesem Tag sehr verwirrt war, hatte ich die Sorge, meine Mutter könnte in der kommenden Nacht sterben. Zu diesem Zeitpunkt wusste ich nicht, dass sie durch Benzodiazepine (Tavor) ruhiggestellt worden war. Weder Arzt noch Pflegepersonal hatten mich über die Medikamente meiner Mutter informiert.

Zehn Tage lang besuchten wir unsere Mutter täglich für mehrere Stunden auf der Palliativstation. Sie wurde immer schwächer und brauchte zunehmend Hilfe – sogar beim Auflegen des Telefonhörers.

Ende März hatten mein Vater und ich einen Gesprächstermin im Krankenhaus mit der zuständigen Sozialpädagogin, einer Koordinatorin vom Hospizdienst. Wir setzten uns zu dritt auf eine Couchgarnitur, die in einer Nische des Stationsganges stand. Die Dame kam sehr schnell auf den Punkt:

> *„Ihre Frau ist jetzt seit zehn Tagen auf der Palliativstation. Wir können hier im Krankenhaus nichts mehr für sie tun. Sie müssen jetzt entscheiden, ob Sie Ihre Mutter, beziehungsweise Ihre Ehefrau, mit nach Hause nehmen möchten, oder ob sie in ein Hospiz verlegt werden soll."*

Mein Vater und ich hörten der Sozialpädagogin schweigend zu und ich spürte, wie Angst, Verzweiflung und Stress langsam in mir aufstiegen. Hospiz – jetzt geht es wirklich um das Sterben meiner Mutter!

Dann hielt die Koordinatorin des Hospizdienstes einen Vortrag über die Möglichkeiten der Pflege eines sterbenden Angehörigen im eigenen Haushalt. Sie beschrieb ausführlich, wie das Pflegebett und die anderen Pflegemittel bestellt werden könnten und erläuterte den Umgang mit dem Morphincomputer. Ich saß zunächst schweigend auf dem Sofa und spürte meinen eigenen Herzschlag im Hals. Die Worte flossen wie Wasser durch meinen Kopf – ich konnte nichts aufnehmen, geschweige denn verstehen. Gefühle der Trauer und der absoluten Überforderung hatten mich fest im Griff, zugleich stieg eine starke Wut in mir auf. Wir saßen auf dem Sofa, wurden gerade mit Informationen überschüttet und wussten nicht einmal, was genau ein Hospiz überhaupt ist. Plötzlich hatte ich genug gehört und fiel der Sozialpädagogin ins Wort:

„Nun fragen Sie doch erst einmal uns, wie es uns geht, ob wir uns eine Pflege zu Hause überhaupt leisten können und auch wollen!“

Die Dame ging zu meiner Verwunderung nicht auf meinen Hinweis ein, sondern setzte unmittelbar ihre Ausführungen fort, wie die Pflege eines Sterbenden zu Hause gut machbar sein könne. Sie erwähnte einen „Pflegedienst“ und einen „ambulanten Hospizdienst“ – von dem hatte ich bis dahin noch nie in meinem Leben gehört. Ich wusste mit dieser Bezeichnung überhaupt nichts anzufangen und bekam nur zusätzlich Angst vor dem Sterben meiner Mutter.

Bald darauf setzten wir das Gespräch mit meiner Mutter in ihrem Zimmer fort. Und wieder erzählte die Sozialpädagogin. Sie schien uns überzeugen zu wollen, dass wir unsere Mutter zu Hause bis zum letzten Atemzug gut pflegen könnten. Ich verstand so gut wie nichts, mein Vater und ich sahen uns nur schweigend an. Nach etwa einer Stunde wurde das Gespräch beendet und wir bekamen noch ein paar Flyer vom Hospiz und von dem besagten „ambulanten Hospizdienst". Ich konnte mir diese – sehr sachlich und schlicht gehaltenen – Flyer nicht ansehen und vor allem wollte ich das Wort Hospiz nicht lesen: Es bereitete mir seelische Schmerzen. Als wir dann wieder unter uns waren, fragte ich meinen Vater:

„Weißt du, was wir jetzt machen müssen?"
„Nein, keine Ahnung, ich habe nichts verstanden."
Da wurde mir erst klar, dass es meinem Vater bei diesem Gespräch genauso ergangen war wie mir. Ich war zunächst absolut ratlos. Dann entschloss ich mich, die Pflegekräfte um Rat zu fragen.
„Ich gehe jetzt in das Stationszimmer und frage dort, wie es jetzt weitergehen soll."
Kurz darauf kam eine zuständige Krankenpflegerin und die Palliativärztin zu uns und baten uns um ein Gespräch vor dem Zimmer meiner Mutter. Wir setzten uns also erneut auf die Couchgarnitur. Dann begann die Ärztin auf meinen Vater einzureden:
„Ihre Frau kann nach zehn Tagen nicht weiterhin auf der Palliativstation bleiben. Sie müssten bitte heute entscheiden, wo sie weiterhin versorgt werden soll. Die Pflege zu Hause ist sehr anstrengend, kräftezehrend und schwierig. Und Sie brauchen Zeit für sich selbst, um trauern zu können. Sie sollten daher Ihre Ehefrau in ein Hospiz verlegen lassen."

Die Ärztin sprach sehr schnell, ich spürte, dass meine Aufregung und der Stress deutlich zunahmen. Die Pflegerin sagte uns, sie könne das Pflegebett, den Rollstuhl und den Toilettenstuhl heute noch für uns bestellen, wenn wir uns für die Pflege zu Hause entscheiden würden. Je mehr Informationen ich bekam, umso heftiger begann mein Herz zu rasen und das Gefühl, dieser Situation nicht mehr gewachsen zu sein, wurde stärker. Wir mussten an diesem Tag entscheiden, ob meine Mutter in einem Hospiz oder zu Hause sterben sollte, und diese verantwortungsvolle Entscheidung erforderte unsere ganze Kraft!

Ich hatte genug von der Informationsflut und fühlte mich stark unter Druck gesetzt. In dem Moment war ich unfähig, innerhalb von etwa zwei Stunden über die weitere Behandlung meiner Mutter zu entscheiden. Dann verlor ich die Fassung und fing an zu weinen. Meinem Vater ging es wie mir und auch ihm kamen die Tränen. Durch unser Weinen wurde der Redefluss der Ärztin endlich unterbrochen. Für einige Sekunden entstand ein betretenes Schweigen. Mein Vater und ich hatten dadurch die Zeit, kurz durchzuatmen.

Wenige Minuten später schaute uns die Ärztin entschlossen an und meinte, sie würde uns eine Verlegung in ein Hospiz empfehlen. Sie könnte diesbezüglich jetzt alles vorbereiten, wir würden nach ihrer Einschätzung eine Pflege unserer Mutter zu Hause nicht schaffen.

„Stopp!“, sagte ich plötzlich sehr laut und deutlich zu der Ärztin und schaute sie giftig an. „Jetzt möchte ich mal etwas zu unserer Situation sagen dürfen!“
Ich verschaffte mir Ruhe, um einen klaren Gedanken zu fassen und reden zu können.

„Sie kennen uns nicht und können daher auch nicht beurteilen, ob wir die Pflege zu Hause schaffen können oder nicht!“
Dann schaute ich meinem Vater ins Gesicht. Ihm standen ebenfalls der Stress und die Überforderung ins Gesicht geschrieben.
„Mama hatte vor Monaten den Wunsch geäußert, daheim sterben zu dürfen, und diesen letzten Wunsch sollten wir erfüllen. Wir holen sie zu uns nach Hause und, wenn wir in einigen Tagen merken sollten, dass wir es tatsächlich nicht schaffen, können wir uns immer noch Hilfe holen.“
„Ja, genau so machen wir es!“, antwortete mein Vater schnell.
Er war entschlossen und erleichtert, dass wir gemeinsam eine gute Entscheidung getroffen hatten.
Die Palliativärztin hatte uns beobachtet und beendete daraufhin das Gespräch mit folgenden Vereinbarungen:
„Wir bestellen jetzt das Pflegebett, den Rollstuhl und den Toilettenstuhl für Ihre Mutter. Alles wird am Montag zu Ihnen geliefert und vor Ort aufgebaut. Am Dienstag wird Ihre Mutter nach Hause entlassen. Wir bestellen einen Krankentransport für etwa elf Uhr morgens. Bitte kommen Sie dann zur Abholung auf die Station, Sie bekommen da auch die Medikamente von uns.“

Erschöpft und sehr traurig haben wir an diesem Tag das Krankenhaus verlassen. Zu Hause bemerkte ich, dass ich innerhalb weniger Stunden durch den emotionalen Stress eine schwere Blasenentzündung bekommen hatte, die ärztlich versorgt werden musste.

Ich sitze immer noch in der Eisdiele, höre auf zu schreiben, und beende meine Gedanken an diesen Tag in der Palliativstation. Nachdem ich bezahlt und alles in meine Tasche eingepackt habe, verlasse ich die Eisdiele. Ich werfe einen letzten Blick hinüber zum Krankenhaus, sehe das weiße, kleine und das zweite, große Fenster, hinter dem ich noch immer die Couchgarnitur vermute. Auf der hatte ich damals gesessen, als ich die bis dahin schwierigste Entscheidung in meinem Leben getroffen habe: Meine Mutter sollte, entsprechend ihrem Wunsch, zu Hause, bei ihrer Familie in Würde sterben dürfen.

6.2 Was „Palliativpatient" und „Sterbebegleitung" bedeuten

„Ihre Mutter ist jetzt Palliativpatientin." Wenn man als Familienangehöriger diesen Satz hören muss, ist die Auseinandersetzung mit der definitiven Unheilbarkeit der Erkrankung und dem vermutlich bald bevorstehenden Lebensende unausweichlich und äußerst belastend. Fremdwörter wie „palliativ", „Palliativmedizin" oder auch „Palliativstation" können vielschichtige Ängste und auch Verzweiflung auslösen, was Angehörige zusätzlich verunsichert. Wenn man sich zum ersten Mal mit Palliativpflege beschäftigt, kann man in diese Begriffe auch fälschlicherweise hineininterpretieren, dass der Erkrankte nun endgültig von den Ärzten aufgegeben und unmittelbar demnächst sterben wird.

Ich möchte auch an dieser Stelle dazu ermutigen: Je mehr man sich über palliative Behandlungsmöglichkeiten informiert und sich auf die Erfüllung der Bedürfnisse des betroffenen Angehörigen konzentriert, desto eher wird sich das Gefühl der Belastung minimieren und man lernt, mit der zunehmenden Veränderung umzugehen. Daher ist es zunächst wichtig, die Bedeutung gängiger Begriffe zu kennen:

- Was heißt „palliativ“ und was bedeutet es, wenn ein Familienangehöriger als „Palliativpatient“ eingestuft wird? *Palliativ* leitet sich vom lateinischen Wort „pallium“ – „der Mantel“ und „palliare“ – „mit dem Mantel bedecken, lindern“ ab (*Deutsche Gesellschaft für Palliativmedizin e. V. 2003*). Es bedeutet heute: „Die Beschwerden einer Krankheit lindernd, aber nicht die Ursachen bekämpfend; schmerzlindernd“ (*Duden 1990, 566*).

- „*Palliativmedizin / Palliative Care* ist ein Ansatz zur Verbesserung der Lebensqualität von Patienten und ihren Familien, die mit Problemen konfrontiert sind, welche mit einer lebensbedrohlichen Erkrankung einhergehen. Dies geschieht durch Vorbeugen und Lindern von Leiden durch frühzeitige Erkennung, sorgfältige Einschätzung und Behandlung von Schmerzen sowie anderen Problemen körperlicher, psychosozialer und spiritueller Art“ (*World Health Organization 2002, 1*).

- „Die *spezialisierte ambulante Palliativversorgung (SAPV)* dient – in Ergänzung zur allgemeinen ambulanten Palliativversorgung – dem Ziel, die Lebensqualität und Selbstbestimmung von Palliativpatienten so weit wie möglich zu erhalten, zu fördern und zu verbessern und ihnen ein menschenwürdiges Leben bis zum Tod in ihrer gewohnten Umgebung, in stationären Pflegeeinrichtungen bzw. stationären Hospizen zu ermöglichen. Nur ein Teil der Sterbenden benötigt diese besondere Versorgungsform. Die spezialisierte ambulante Palliativversorgung richtet sich an Palliativpatienten und deren soziales Umfeld, wenn die Intensität oder Komplexität der aus dem Krankheitsverlauf resultierenden Probleme den Einsatz eines spezialisierten Palliativteams (Palliative Care Team) notwendig macht – vorübergehend oder dauerhaft […]" (*Deutsche Gesellschaft für Palliativmedizin e. V. 2009, o. S.*). Rechtlich gesehen haben „Versicherte mit einer nicht heilbaren, fortschreitenden und weit fortgeschrittenen Erkrankung bei einer zugleich begrenzten Lebenserwartung, die eine besonders aufwendige Versorgung benötigen, […] nach §37b SGBV Anspruch auf spezialisierte ambulante Palliativversorgung"(*GKV Spitzenverband 2016, o. S.*).

- Eine *Palliativstation* ist eine spezialisierte Abteilung eines Krankenhauses, in der sich ein multiprofessionelles Team aus Ärzten, Pflegern, Sozialpädagogen, Psychologen, Therapeuten, Seelsorgern und ehrenamtlichen Hospizhelfern um die individuellen Bedürfnisse des Patienten und der zugehörigen Familie kümmert. Das Ziel ist die Linderung der körperlichen und seelischen Beschwerden und damit die Verbesserung der Lebensqualität von unheilbar erkrankten Patienten. Ist der Gesundheitszustand nach einer Akutsituation (zum Beispiel Schmerzen, Ängste oder auch Atemnot) stabil, können die Patienten zum Teil wieder nach Hause oder auf Wunsch auch in ein Hospiz entlassen werden (*Deutsche Gesellschaft für Palliativmedizin e. V. 2003*).

- *Hospiz* kommt von dem lateinischen Begriff „hospitium“, was in der wörtlichen Übersetzung „Herberge“ oder auch „Gastfreundschaft“ heißt. Es ist ein kleines, sehr spezialisiertes Pflegeheim mit ca. acht bis zehn Betten, in dem ein in Palliative Care ausgebildetes Team zusammen mit externen Ärzten Menschen ein würdevolles Leben bis zum Tod ermöglicht. Auch die zugehörige Familie des „Hospizgastes“ wird auf Wunsch in die umfassende Begleitung und Trauerarbeit miteinbezogen. Die englische Sozialarbeiterin, Krankenpflegerin und Ärztin Dr. Cicely Saunders eröffnete 1967 das St. Christopher's Hospice in London mit einem von ihr entwickelten Hospizkonzept. Ihr Ziel war es, umfassend auf die Bedürfnisse von Schwerkranken und Sterbenden einzugehen (*Deutsche Gesellschaft für Palliativmedizin e. V. 2003*).

- Ein *Ambulanter Hospizdienst* ist ein Team aus hauptamtlich arbeitenden sogenannten „Koordinatoren“ oder Einsatzleitern mit Palliative Care-Zusatzausbildung und mindestens 15 geschulten „Hospizhelfern“. Gemeinsam mit den schwer erkrankten Menschen entscheiden die Koordinatoren über den Umfang des Einsatzes zu Hause in der Familie. Ziel ist eine umfassende Begleitung und Beratung während des Sterbe- und Trauerprozesses (*Deutsche Gesellschaft für Palliativmedizin e. V. 2003*). Die Malteser bieten zum Beispiel in ganz Deutschland Hospizarbeit und Trauerbegleitung an (www.malteser-hospizarbeit.de).

Die Definitionen der Begriffe und die Auseinandersetzung mit dem lebensbejahenden, die ganze Familie miteinbeziehenden Ansatz der Palliative Care sollen einen offenen Dialog über Sterbebegleitung zu Hause anregen.

Bei der Begleitung eines Menschen mit einer schweren, unheilbaren Krebserkrankung müssen Familienangehörige mitansehen, wie dieser sich im Krankheitsverlauf deutlich verändert: wie er zum Beispiel an Nebenwirkungen der Chemotherapie leidet, an Gewicht verliert, schwächer oder zunehmend hilfloser wird. Nach meiner Erfahrung ist es gut, diese Veränderungsprozesse offen und in Ruhe miteinander zu besprechen. Wie lange möchte der Betroffene chemotherapeutische Behandlungen wahrnehmen? Oder sind die Nebenwirkungen schon zu sehr belastend? Es ist wichtig, auf die Wünsche des betroffenen Menschen einzugehen: Wenn sich derjenige gegen weitere Behandlungen – das heißt für eine verkürzte Lebenszeit ohne Begleiterscheinungen einer Chemotherapie – entscheidet, sollten die Angehörigen diese Entscheidung akzeptieren und unterstützen. Ebenso wichtig ist es, Wünsche nach einer ambulanten Sterbebegleitung zu Hause offen zu äußern und gemeinsam zu besprechen.

Wenn man im Verlauf der Erkrankung – zum Beispiel nach einem zeitlich begrenzten Aufenthalt auf der Palliativstation eines Krankenhauses – mit dem betroffenen Familienangehörigen über die Verlegung in ein Hospiz oder die Sterbebegleitung zu Hause entscheiden muss, ist es gut, sich dafür ausreichend Zeit zu geben.

Besprechen Sie diese Entscheidung mit allen im Haushalt lebenden Familienmitgliedern und dem behandelnden Arzt / Onkologen vor Ort. Gefühle wie Trauer, Verzweiflung, Hilflosigkeit und Überforderung beeinträchtigen Ihren Gedankengang. Das ist zu diesem Zeitpunkt normal. Sollten Sie abschließend zu dem Ergebnis kommen, dass Sie als Familie Ihrem Angehörigen die letzten Lebenswochen daheim so angenehm und schmerzfrei wie möglich gestalten wollen, sollten Sie diese Entscheidung dem zuständigen Arzt mitteilen. Die notwendigen organisatorischen Schritte (wie etwa die Bestellung des Pflegebettes, Toiletten- und Rollstuhl) können dann eingeleitet werden. Vereinbaren Sie einen Termin für die Anlieferung der Pflegemittel.

Spätestens einen Tag vor dem Nach-Hause-Holen des Angehörigen sollte man, wenn medizinische Geräte (wie Sauerstoff, Infusions- oder Schmerzpumpe, Absauggerät) benötigt werden, mit dem zuständigen Fachpersonal / Pflegedienst einen Termin zur Einweisung in den korrekten Umgang mit diesen Geräten machen.

Sehr wichtig ist auch, den Hausarzt miteinzubeziehen: Hat er die zeitlichen Kapazitäten und die entsprechende fachliche Kenntnis für die Betreuung des Angehörigen? Beim Vereinbaren eines ersten Hausbesuchs kann man die Arztbriefe des behandelnden Onkologen übergeben. Abzuklären gilt auch, inwieweit noch ein spezialisiertes, ambulantes Palliativteam (SAPV-Team) mit einem Palliativmediziner für die Begleitung hinzugenommen wird.

Denken Sie an Ihre eigene Gesundheit, an die eigenen Kräfte! Sprechen Sie sich in der Familie ab, wer die „Frühschicht“, die „Spätschicht“ oder auch die „Nachtschicht“ bei der Betreuung übernimmt. Denken Sie an personelle Unterstützung durch einen Hospizdienst oder auch einen Pflegedienst.

Durch die Pflege und die Begleitung in der letzten Lebensphase können die dann kommenden Tage oder Wochen zunächst einmal sehr kräftezehrend für die ganze

Familie werden. Langfristig kann man diese neu gewonnenen Erfahrungen der bedingungslosen Liebe und einer außergewöhnlichen Nähe in der Betreuung jedoch als große Bereicherung empfinden.

7 Den Abschied aktiv gestalten

7.1 Mein Elternhaus wird zum „Ein-Bett-Hospiz"

Kurz vor Allerheiligen ist ein sehr passender Zeitpunkt, um die Sterbebegleitung meiner Mutter bis zum letzten Atemzug aufzuschreiben.

Es ist ein kalter und verregneter Tag im Oktober 2015. Ich sitze in meiner Wohnung am dunklen Esstisch mit einer großen Tasse meines Lieblingstees. Ein grauer, wolkenverhangener Himmel wölbt sich über die Häuser, Nebel umhüllt die Ortschaft. In Gedanken wandere ich zurück in den April 2012, das Herbstwetter passt gut zu meiner aufziehenden Stimmungslage.

Ich fuhr zu meiner Schwester und meinem Vater in das Haus meiner Eltern. Dort bereiteten wir an diesem Tag zu dritt das Zimmer unserer Mutter für die Pflege und Sterbebegleitung vor. Wir hatten uns für ihr Lieblingszimmer im ersten Stock entschieden. Um Platz für das Pflegebett und den Toilettenstuhl zu schaffen, schoben wir einige Möbelstücke aus dem Raum. Gegen Mittag kam dann der Mitarbeiter eines Sanitätshauses und besichtigte unsere Vorbereitungen.

„Wollen Sie das Pflegebett wirklich in den ersten Stock stellen? Warum denn nicht in das Wohnzimmer im Erdgeschoss?"
„Es ist das Lieblingszimmer unserer Mutter, hier wird sie sich im Bett liegend mit dem Blick durch das große Fenster zum Garten hinaus wohl fühlen", antwortete ich. „Außerdem ist im Wohnzimmer zu viel Betrieb und sie möchte ja auch bestimmt hin und wieder ihre Ruhe haben."

Nach einer kurzen Absprache begann der Mann, alle Einzelteile des Pflegebettes in das erste Stockwerk zu tragen.

Ein paar Minuten später klingelte es wieder an der Haustüre und der vom Krankenhaus bestellte Palliativpfleger kam, ein Spezialist für die ambulante Schmerztherapie. Meine Mutter sollte für die Behandlung ihrer starken Tumorschmerzen zu Hause eine eigene, computergesteuerte Morphinpumpe bekommen, die von dem Krankenpfleger betreut wurde. Um uns in den gesamten Ablauf der Schmerztherapie einzuweisen, setzten wir uns gemeinsam auf die Terrasse in den Garten. Die Sonne schien und es war ein warmer Frühlingstag. Mit freundlichen und, vor allem, ruhigen, klaren Worten erklärte uns der Krankenpfleger, was ab dem kommenden Tag auf uns zukommen sollte:

„Ihre Mutter hat jetzt im Krankenhaus eine computergesteuerte Morphinpumpe, durch die das Schmerzmittel rund um die Uhr in ihren Port läuft. Morgen wird Ihre Mutter nach Hause verlegt. Damit sie auch daheim durchgehend mit Morphin versorgt werden kann, bekommen Sie von unserer Firma eine Morphinpumpe geliehen. Ich werde morgen vormittags kurz zu Ihrer

Mutter ins Krankenhaus kommen und vor Ort die neue Pumpe an den Port anschließen, so dass Ihre Mutter auch auf dem Weg nach Hause keine Schmerzen haben wird. In den folgenden Tagen besuche ich sie regelmäßig, kontrolliere die optimale Funktion des Computers und bringe Ihnen, je nach Bedarf, neue Morphinkassetten, die Sie bitte immer nur im Kühlschrank aufbewahren.“

Ich ließ im Verlauf des Gespräches hin und wieder meinen Blick durch den Garten schweifen. Unsere bunten Tulpen standen in voller Blüte und die Vögel sangen laut.

Da sitzen wir beim schönsten Wetter im Garten und reden über die Schmerztherapie in der Sterbebegleitung meiner Mutter – grotesk. Im Herbst 2011 hatten wir noch gemeinsam die Tulpenzwiebeln in die Erde gesetzt. An diesem Tag hatte mir meine Mutter die neuen, nach außen sichtbaren Tumoren an ihrem Rücken gezeigt. Keiner von uns hatte damals im Herbst geahnt, dass wir uns schon ein halbes Jahr später mit diesem Thema auseinandersetzen müssten.

Nachdem der Krankenpfleger den allgemeinen Ablauf der Schmerztherapie erläutert hatte, fragte er, wer von uns die tägliche Betreuung der Morphinpumpe übernehmen wolle. Als meine Schwester und auch mein Vater den Kopf schüttelten, fiel sein Blick auf mich.

„Ja, Frau Keck, dann wollen wir Sie mal in die Bedienung des Morphincomputers an der Pumpe einweisen!“, sagte er lächelnd, in einem motivierenden Tonfall zu mir.

Mir wurde schlagartig die Tragweite meiner Verantwortung bewusst. Zudem bin ich von der Sorte Mensch, der beim Programmieren von elektronischen Geräten zwei linke Hände hat und generell entmutigt Bedienungsanleitungen ganz schnell zur Seite legt!

Wir setzten uns ins Wohnzimmer an den großen Esstisch und der Krankenpfleger legte die Morphinpumpe mit einer Kassette und einer Bedienungsanleitung auf den Tisch. Inzwischen wurden die letzten Einzelteile des Pflegebettes durch das Wohnzimmer an uns vorbeigetragen, mein Vater und meine Schwester liefen aufgeregt durch das ganze Haus. Wir waren von einem unüberhörbaren Lärmpegel umgeben.

Mit flinken und geübten Handgriffen zerlegte der Krankenpfleger die Pumpe in alle Einzelteile und erklärte mir dabei den Ablauf. Dann schloss er eine Morphinkassette an den Computer an, setzte alles zusammen und startete den Ablauf der Programmierung. Anschließend wiederholte er das Auseinandernehmen und legte alle Einzelteile auf den Tisch.

„Jetzt dürfen Sie das Wechseln der Kassette üben und ich schaue Ihnen zu."
Entgeistert starrte ich auf das sehr kompliziert aussehende Gerät vor mir, irritiert von den Geräuschen im ganzen Haus.
Ich fühlte mich zunächst ziemlich überfordert und dachte mir, ich bin im falschen Film, das ist ein Scherz.
„Wie?", fragte ich barsch. „Soll ich dieses Ding jetzt alleine wieder zusammensetzen? Also das geht noch nicht! Wiederholen Sie bitte langsam die einzelnen Schritte und dieses Mal werde ich alles mitschreiben!"

„Sie müssen nichts mitschreiben“, entgegnete er ruhig. „Sie können auch diese Bedienungsanleitung verwenden, darin ist alles ganz genau beschrieben.“ Er legte die dicke Broschüre direkt vor mir auf den Tisch.
„Nein danke, zum Lesen einer ausführlichen Bedienungsanleitung habe ich momentan absolut keine Zeit.“, erwiderte ich deutlich.
So ein Spaßvogel, dachte ich mir verärgert. Wann, denkt er, habe ich während der Betreuung meiner Mutter die Zeit, so eine umfangreiche Bedienungsanleitung zu lesen?

Geduldig zeigte er mir abermals das Zerlegen der Morphinpumpe, das Einsetzen der Kassette und das anschließende Programmieren, damit das flüssige Schmerzmittel über den dünnen Schlauch in den Port laufen konnte. Ich hatte den ganzen Ablauf mitgeschrieben und übte dann unter seiner Aufsicht die einzelnen Schritte. Nachdem ich meine anfänglichen Ängste und meine Verweigerungshaltung vor diesem Computer langsam überwunden hatte, war ich erstaunt, wie schnell ich mich in die Handgriffe eingearbeitet hatte. Als ich mich sicher im Umgang mit der Pumpe fühlte, schlossen wir meine Einweisung ab. Er zeigte mir noch den Bolusknopf, über den man per Knopfdruck eine zusätzliche, kleine Menge Morphin abgeben konnte, sollten die Schmerzen einmal plötzlich stark zunehmen.

Zum Abschluss gab er mir einen Flyer und eine Visitenkarte mit einer Telefonhotline, die rund um die Uhr erreichbar war, falls zum Beispiel der Computer nicht mehr funktionieren sollte oder die Morphindosis aufgrund verstärkter Schmerzen erhöht werden musste. Es gab mir ein beruhigendes Gefühl, eine Telefonnummer zu haben, bei der man zu egal welcher Uhrzeit anrufen konnte, um dort bei möglichen Fragen oder Schwierigkeiten mit dem Computer Hilfe zu bekommen. Ich klebte die Karte mit dieser wichtigen Rufnummer in Augenhöhe und gut sichtbar im Zimmer meiner Mutter an die Glasscheibe ihres Schrankes. Ich ahnte damals noch nicht, dass ich diese Rufnummer nicht nur einmal brauchen und mir damit das Suchen im Stress ersparen würde.

Am Ende dieses Tages war das Zimmer für unsere Mutter perfekt vorbereitet. Sogar frische Blumen hatten wir in Sichtweite an das Bett gestellt und schöne Blumenfotos an die Wand geklebt.

Es war ein Dienstag Anfang April 2012, als wir unsere Mutter gegen elf Uhr am Vormittag aus dem Krankenhaus abholten. Da ich sehr zeitig vor Ort sein wollte, fuhr ich alleine mit meinem Auto voraus. Ich hatte deutliche Mühe, mich auf den Verkehr zu konzentrieren, die Landschaft zog wie ein Film an mir vorbei. Angst vor den kommenden Ereignissen und Trauer schränkten meine Wahrnehmung ein und begleiteten mich – nicht nur auf meiner Fahrt zum Krankenhaus, sondern sie waren inzwischen täglich ein Teil meines Denkens und Fühlens. Es war sehr bedrückend für mich, die eigene Mutter zum Sterben nach Hause zu holen.

Sterben – wie wird das bei meiner Mutter ablaufen? Kann ich diese Begleitung bis zum letzten Atemzug überhaupt aushalten?

Als ich nach einer kurzen Anfahrt im Krankenhaus bei meiner Mutter ankam, freute sie sich sehr. Wohl durch die Medikamente war sie aber sichtlich benommen. Der mir schon bekannte Palliativpfleger stand gerade an ihrem Bett und war dabei, die neue Morphinpumpe anzuschließen. Da ich nicht stören wollte, verließ ich sofort wieder das Zimmer und ging zu einer Krankenpflegerin. Ich fragte sie, was ich noch mit nach Hause nehmen müsste. Sie antwortete, dass sie schnell noch den Arztbrief und die Medikamente vorbereiten und sie mir dann in das Zimmer meiner Mutter bringen würde.

Anschließend lief ich wieder zurück zu meiner Mutter, sie war inzwischen wieder alleine. Ich begann, ihre Kleidung und Hygieneartikel in eine große Tasche zu packen. Während ich den Schrank ausräumte, hatte ich ein wenig Zeit zum Nachdenken. Mir wurde klar, dass wir mit der Ankunft meiner Mutter zu Hause eine Art von „Krankenhausbetrieb“ leisten mussten – mit allen Utensilien, die zu einer Pflege dazugehörten. Was brauchte ich eigentlich alles für die Pflege meiner Mutter?

Mit dieser Fragestellung war ich komplett überfordert und wunderte mich, warum ich keine Liste vom Krankenhaus für die zu Hause notwendigen Pflegeartikel bekommen hatte (Kap. 9). Im Stress fing ich an zu zittern, und meine Augen wanderten hektisch, nach einer Lösung suchend durch das Krankenzimmer.

Alles, was hier vorrätig war, würden wir zu Hause auch für die Pflege brauchen! Windeln – woher bekomme ich Windeln für meine Mutter und in welcher Größe?

Diverse Gedanken schossen mir durch den Kopf. Ich versuchte, mir eine Liste zusammenzustellen und alles Wichtige irgendwie schnellstmöglich zu merken.

Als ich die privaten Gegenstände meiner Mutter in der Tasche verstaut hatte, fiel mein Blick auf die Schnabeltasse auf ihrem Nachttisch. Die Schnabeltasse zum Trinken! Woher sollte ich so schnell eine Schnabeltasse für zu Hause bekommen? Wenn meine Mutter nach ihrer Ankunft daheim etwas trinken möchte, wie sollte ich das ohne Schnabeltasse machen? Fieberhaft dachte ich nach.

Dann handelte ich blitzschnell: Ich griff nach der Tasse und packte diese einfach in die Tasche meiner Mutter, obwohl dieser Plastikbecher dem Krankenhaus gehörte. Zum einen war ich entsetzt über mein Handeln, zum anderen waren mir unter diesen Umständen die Folgen absolut egal. Meine Mutter ist Privatpatientin, das Krankenhaus sollte den Becher doch mit auf die Rechnung setzen.

Nachdem die Tasche gepackt war, ging ich auf den Stationsgang, um nach der Krankenpflegerin zu sehen. Mittlerweile waren auch mein Vater und die Sanitäter für den Krankentransport im Rettungswagen gekommen. Während sie in das Zimmer meiner Mutter gingen, um sie für die Fahrt vorzubereiten, wartete ich im Besprechungsbereich. Wenige Minuten später schoben die Sanitäter im Beisein meines Vaters meine Mutter aus dem Zimmer auf den Gang hinaus. Genau zu diesem Zeitpunkt kam die Pflegerin mit einer Plastiktüte und einem Briefkuvert über den Stationsgang auf mich zu:

> *„Hier haben Sie den Arztbrief für den Hausarzt und eine Liste der notwendigen Medikamente mit der Uhrzeit, wann Sie diese geben müssen. In dieser Tüte finden Sie die Tabletten für die kommenden Tage. Wenn Sie noch Fragen haben, können Sie uns anrufen."*

Ich warf einen flüchtigen Blick in die Plastiktüte und sah verschiedene, offene Schachteln mit mir völlig unbekannten Namen. Ich fragte kurz die einzelnen Medikamente ab, versuchte, mir alles zu merken – was zu diesem Zeitpunkt fast unmöglich war – und bat abschließend noch um drei Windeln für meine Mutter. Ich musste mich zu Hause erst einmal informieren, wo man in der Umgebung Windeln für Erwachsene kaufen konnte. Während ich auf dem Gang wartete, sah ich mir die Liste der Medikamente erneut an und war sprachlos. Die angegebenen Präparate kannte ich alle nicht! Dann kam die Krankenpflegerin zurück und übergab mir die Inkontinenzeinlagen. Ich packte alles in die große Tasche, verabschiedete mich kurz und lief den Sanitätern hinterher, die meine Mutter schon in Richtung Aufzug schoben.

Knapp zwanzig Minuten später parkte ich vor dem Haus meiner Eltern. Auch mein Vater hatte sein Auto schon abgestellt. Kurz darauf kam auch der Krankenwagen mit meiner Mutter um die Ecke gefahren. Diesen Moment, als sie von den Sanitätern in Richtung Hauseingang geschoben wurde, werde ich auch nie vergessen. Jetzt wurde mir klar, dass es das letzte Mal sein sollte, dass meine Mutter vom Krankenhaus nach Hause kam.

Von diesem Augenblick an wurde das Haus meiner Eltern zu einem „Ein-Bett-Hospiz“, in der sich in den kommenden sechs Wochen Ärzte, Krankenpfleger, der Hospizdienst, Familie und Freunde die Türklinke in die Hand geben sollten.

Nachdem die Sanitäter das Haus verlassen hatten, kam erneut der zuständige Krankenpfleger für die Morphinpumpe ins Haus. Er überprüfte genau die korrekte Funktion des Computers, sprach sehr ruhig und freundlich mit meiner Mutter und erklärte ihr – in unserem Beisein – den Ablauf der kommenden Tage. Bevor er sich daraufhin wieder verabschiedete, legte er uns noch zwei Morphinkassetten in den Kühlschrank – in das Gemüsefach neben den Blumenkohl.

Die ersten Tage der Pflege im eigenen Haushalt waren durch absolute Überforderung gekennzeichnet. Wir mussten lernen, unsere Mutter, auf den einen Arm gestützt und mit der Morphinpumpe in der anderen Hand, zur Toilette oder zum Toilettenstuhl zu begleiten. Der Schlauch durfte nicht von der Portnadel abreißen, da die Schmerzmittelversorgung sonst augenblicklich unterbrochen worden wäre und der Krankenpfleger einen erneuten Anschluss hätte durchführen müssen. Das Begleiten während des gemeinsamen Gehens war somit immer mit einer gewissen Anspannung und Konzentration verbunden.

Bei der Auseinandersetzung mit den Medikamenten fiel uns auf, dass unsere Mutter im Krankenhaus *Tavor*, das ist ein starkes Beruhigungsmittel, bekommen hatte und laut der Liste vom Krankenhaus auch zu Hause noch einnehmen sollte. Aber warum ein Beruhigungsmittel? Da es für uns keinen ersichtlichen Grund für dieses Medikament gab, setzten wir es einfach ab. Nach dem Weglassen dieser Tabletten zeigte sich unsere Mutter weniger benommen und schien geistig relativ klar zu sein. Zudem wurde sie deutlich aktiver und hatte einen vermehrten Bewegungsdrang. Somit bestand in den ersten Tagen unsere Aufgabe vor allem darin, sie bei den von ihr gewünschten Spaziergängen durch das Haus zu begleiten, zu stützen und gleichzeitig die Morphinpumpe zu tragen.

Zu Beginn der Pflege waren meine Schwester, mein Vater und ich fast immer gleichzeitig anwesend. Die einzige Entlastung war der tägliche Besuch des ambulanten Pflegedienstes, der morgens das Baden oder Waschen und die erste Inkontinenzversorgung übernahm. Ohne es zu bemerken, kamen wir alle innerhalb von wenigen Tagen an unsere emotionalen und körperlichen Grenzen – nacheinander reagierten wir mit einem vehementen Fieberschub und mussten jeweils einen Tag im Bett liegen. Dadurch wurde uns schnell klar, dass wir die Pflege unserer Mutter anders organisieren mussten. Wir entschieden uns, den ambulanten Hospizdienst zu Hilfe zu holen.

Gegen Ende der ersten Pflegewoche baten wir die Koordinatorin des ambulanten Hospizdienstes und eine Hospizhelferin, zu einem Termin in das Haus meiner Eltern zu kommen. Aufgrund der letzten Tage erkannten wir, dass wir professionelle Anleitung in der palliativen Pflege und auch Unterstützung im täglichen Ablauf bräuchten. Die beiden Mitarbeiterinnen des Hospizdienstes machten beim Betreten des Hauses augenblicklich einen sehr ruhigen und kompetenten Eindruck auf mich. Sie vermittelten mir sofort das Gefühl, mit der schwierigen Gesamtsituation ernst genommen zu werden und die Sterbebegleitung unserer Mutter als Familienteam gut meistern zu können. Sie redeten zunächst in Anwesenheit der ganzen Familie mit unserer Mutter und führten anschließend ein ausführliches Gespräch mit uns Angehörigen im Wohnzimmer.

Langsam und sehr ruhig beantworteten die Damen vom Hospizdienst alle unsere Fragen, gingen auf unsere Ängste und Sorgen ein und erklärten uns das auffälligste Bedürfnis eines Menschen in der Sterbephase im Unterschied zum gesunden: Aufgrund des veränderten Stoffwechsels in den letzten Lebenstagen würden Hunger und Durst deutlich nachlassen. Deshalb sollte Flüssigkeit in Form von Trinken oder einer Infusion nicht mehr gegeben werden.

Wir lasen gemeinsam die Patientenverfügung meiner Mutter durch, in der genau das festgehalten war – sie wünschte sich keine lebensverlängernden Maßnahmen und keine Flüssigkeitsgabe an ihrem Lebensende. Auch aufgrund dieser Patientenverfügung wurden wir angewiesen, in der letzten Lebensphase meiner Mutter nur mehr ihren Mund zu befeuchten und sie, wenn sie nichts mehr trinken wollte, damit auch nicht zu bedrängen. Für die Mundpflege schenkte uns der Hospizdienst eine kleine Sprühflasche und eine Pipette aus Kunststoff, mit der man tröpfchenweise Flüssigkeit in den Mund eingeben konnte. Außerdem empfahlen sie uns, in Schichten zu arbeiten und auch unbedingt an die eigene Gesundheit und notwendige Erholungspausen zu denken. Zum Abschluss ihres Besuches gaben sie uns noch die Telefonnummer einer Betreuerin für die Nacht, die uns entlasten und die „Nachtschicht" übernehmen konnte.

Ab der zweiten Pflegewoche hatte ich das zunehmende Gefühl, langsam in die Situation der palliativen Pflege der eigenen Mutter hineinzuwachsen. Die Hospizhelferin des ambulanten Hospizdienstes kam fast täglich zu uns. Sie war in Pension, hatte früher als Sonderschullehrerin gearbeitet und konnte sehr schnell eine gute, vertrauensvolle Beziehung zu meiner Mutter und uns aufbauen. Für unsere zahlreichen Fragen hatte sie immer ein offenes Ohr und war sehr liebevoll, geduldig und verständnisvoll im Umgang mit meiner Mutter.

Die tägliche Pflege und die Betreuung liefen ab jetzt gut abgesprochen, organisiert und koordiniert ab: Vormittags kam der ambulante Pflegedienst zum Waschen und Anziehen, dann kümmerten sich mein Vater und die Hospizhelferin abwechselnd um meine Mutter. Ich besuchte sie kurz vor der Arbeit und kontrollierte die Funktionen der Morphinpumpe. Nach Feierabend ging ich zunächst einkaufen, um für alle Abendessen kochen zu können und tauschte mich nach dem Essen mit der Hospizhelferin aus. Anschließend übernahm ich die Betreuung meiner Mutter bis die Dame für die Nachtschicht gegen 23 Uhr in das Haus kam. Sie blieb jeweils die ganze Nacht bis morgens um sieben Uhr am Bett sitzen. Bevor ich täglich gegen Mitternacht nach Hause fuhr, kontrollierte ich die Funktion der Morphinpumpe und rechnete aus, ob das flüssige Schmerzmittel bis zum darauffolgenden Morgen ausreichen würde. An den Wochenenden übernahm meine Schwester die Betreuung am Tag, ich kam spätnachmittags und pflegte unsere Mutter bis zur Nachtschicht.

Gegen Ende der zweiten Pflegewoche wollte oder konnte meine Mutter kaum mehr etwas essen und verweigerte zunehmend das Trinken. Eine Bekannte kam einmal zu Besuch, setzte sich an das Bett und versuchte, ihr immer wieder – gegen ihren Willen – Essen und Trinken einzugeben. Ich ergriff sofort Partei für meine Mutter, die sich im Bett liegend gegen dieses offensichtliche Bedrängen kaum zur Wehr setzen konnte, und forderte die Bekannte auf, dies augenblicklich zu unterlassen. Daraufhin entstand ein Streit über die Bedürfnisse meiner Mutter nach Nahrung und Flüssigkeit. Anstatt das deutlich sichtbare, abwehrende Verhalten genau zu beobachten und dementsprechend zu reagieren, versuchte die Bekannte, ihr immer wieder das Essen und Trinken einzugeben. Ich las mir daraufhin abermals und mehrfach die Patientenverfügung meiner Mutter durch und setze die Bekannte unter vier Augen von dem Inhalt der Verfügung in Kenntnis. Daraufhin eskalierte der Streit:

„In ihrer Patientenverfügung wünscht sich meine Mutter die Unterlassung der lebensverlängernden Maßnahmen und möchte keine Flüssigkeitsgabe an ihrem Lebensende haben. Das ist ihr Wille, also hör jetzt sofort damit auf, meiner Mutter gegen ihren Willen immer wieder Flüssigkeit einzugeben!"

Ich hatte mich sehr geärgert und dieser Streit war äußerst kräftezehrend für mich gewesen. Aber neben meiner Schwester und meinem Vater war ich mitverantwortlich für die optimale Betreuung meiner Mutter und musste mich, da sie zunehmend weniger ansprechbar war, für die Umsetzung ihrer Wünsche und Bedürfnisse einsetzen! Am Tag nach dieser Auseinandersetzung verließ unsere Bekannte das Haus.

In der dritten Pflegewoche im Haus meiner Eltern erinnere ich mich an einen Nachmittag, an dem ich – wie so oft – mit meiner Mutter durch das erste Stockwerk ging. Sie konnte nicht mehr viel sprechen, hatte zunächst das Bedürfnis zu gehen und wollte dann durch das Fenster in ihren Garten hinuntersehen. Sie beobachtete, mit dem Kopf an der Glasscheibe gestützt, die Vögel in den Büschen, fragte nach ihrer Lieblingskohlmeise „Franzi" und bewunderte die vielen Frühlingsblumen. Ihr Gesicht sah sehr traurig aus. Ich stand dicht neben ihr, unterstützte sie am rechten Arm und hielt mit meiner anderen Hand die Morphinpumpe. Den Blick in den Garten gerichtet sagte sie plötzlich leise zu mir:

„Wenn ich jetzt dann nicht mehr da bin, wird dieser Garten zerstört werden."
Ich erschrak und antwortete ihr sehr schnell:
„Nein Mama! Wir erhalten und pflegen deinen Garten, mach´ dir bitte keine Sorgen!"
„Ich kann – außer im Bett zu liegen – nichts mehr tun, brauche eine Begleitung zur Toilette und habe zunehmend Schmerzen. Ich möchte sterben, bitte hilf mir!"
Mein Puls begann augenblicklich zu rasen. Dieser Moment war schlimm. Mir wurde sehr deutlich, wie sie sich fühlte, wie sie ihre Situation erlebte. Zugleich verspürte

ich Hilflosigkeit. Wie sollte ich meiner Mutter beim Sterben helfen?
„Mama, ich kann dir beim Sterben nicht helfen. Ich kann nur deine Schmerzen so gut wie möglich unter Kontrolle halten. Wie sollte ich dir denn beim Sterben helfen können?“

An diesem Tag und auch an den darauffolgenden Tagen forderte sie mich immer wieder auf, ihr beim Sterben zu helfen, etwas diesbezüglich zu unternehmen. Bei diesem wiederkehrenden Wunsch wurde mir zum einen meine Hilflosigkeit vor Augen geführt, zum anderen aber auch das quälende Ausgeliefertsein meiner Mutter an ihre Krankheit. Sie musste täglich den Zustand der fortschreitenden Krebserkrankung und den Tumorwachstum ertragen. Ich konnte sie lediglich entsprechend ihrer Bedürfnisse betreuen und ihr die einzelnen Tage so angenehm wie möglich gestalten.

Zeitweise traten plötzlich extrem vehemente Tumorschmerzen auf. Dann musste ich zunächst mit dem Arzt telefonieren, er gab daraufhin der Firma der Schmerzpumpe die telefonische Anweisung und Erlaubnis, das Morphin höher zu dosieren. Anschließend musste ich, unter telefonischer Anleitung der Firma, den Morphincomputer neu programmieren, sodass meine Mutter stündlich eine höhere Dosis an Schmerzmittel über ihren Port bekam. Selbst durch ein sehr schnelles Reagieren und Verändern der Dosis war es leider nicht möglich, meine Mutter kontinuierlich schmerzfrei zu halten. Dieser Umstand und die große Verantwortung waren für mich sehr belastend.

In der dritten und vierten Pflegewoche setzte ich mich sehr intensiv mit dem Thema „Sterben“ auseinander. Welche körperlichen Veränderungsprozesse durchläuft ein Mensch am Ende seines Lebens? Warum benötigt er in der letzten Lebensphase keine Nahrung oder Flüssigkeit mehr und reicht es, nur mehr die Mundschleimhaut zu befeuchten? Wie verändert sich die Haut im Gesicht, am Körper und warum? Da ich in diesem Bereich noch wenig wusste, unterhielt ich mich darüber sehr oft mit unserer Hospizhelferin. Sie vermittelte mir dazu sehr viel praktisches, pflegerisches Wissen: Die richtige Lagerung im Bett oder die möglichst schmerzarme Inkontinenzversorgung mit Hilfe eines vorhergehenden, zusätzlichen Morphinbolus. Zum anderen erklärte sie mir die körperlichen Veränderungen im Sterbeprozess, wie etwa die auftretenden Hautverfärbungen im Gesicht sowie die zurückgehende Durchblutung an Händen und Füßen.

Im Verlauf der palliativen Begleitung veränderte sich zu meinem großen Erstaunen meine Haltung gegenüber der schweren Erkrankung und dem Sterben meiner Mutter: Je umfangreicher ich mich in die Pflege eingearbeitet und je intensiver ich mich mit dem Thema auseinander gesetzt hatte, desto mehr verlor ich meine Ängste vor dem, was noch auf uns zukommen sollte und desto besser konnte ich mit der Gesamtsituation umgehen. Die anfängliche Überforderung und Verzweiflung waren fast vollständig gewichen und ich empfand viele der pflegerischen Abläufe fast als Routine. Somit konnte ich meine gesamte Energie für die Betreuung verwenden. Ich begann es als eine Bereicherung zu empfinden, meine Mutter bei ihren letzten Lebenswochen zu Hause begleiten zu dürfen. Gemeinsam mit unserer Hospizhelferin bereiteten meine Schwester, mein Vater und ich unserer Mutter die letzten Wochen und Tage so angenehm wie nur irgendwie möglich. Wir stellten immer verschiedene, frische Blumen in ihre Sichtweite, klebten ihre Lieblingsfotos an die Wand, kauften unterschiedliche Energiedrinks und Säfte, die ihr gut schmeckten, und legten CDs mit ihrer Lieblingsmusik ein. Wir erfüllten alle ihre Wünsche und Bedürfnisse und versuchten, ihr trotz der äußerst schwierigen Lebensphase kleine Glücksmomente zu verschaffen. Meiner Mutter ab und an ein kurzes, kleines Lächeln zu entlocken, das war das höchste der Gefühle! Wir waren sehr froh, neben der zunehmenden Trauer noch viel Positives für unsere Mutter geben zu können.

Ab der fünften Pflegewoche veränderte sich ihr Zustand zunehmend: Sie wurde körperlich immer schwächer, verlor stark an Körpergewicht, konnte und wollte nichts mehr essen. Aufgrund des vermehrten Tumorwachstums und der daraus resultierenden Schmerzen, musste das Morphin kontinuierlich gesteigert werden. Dieser erhöhte Schmerzmittelkonsum hatte zur Folge, dass sie sich immer weniger artikulieren konnte. Sie lag überwiegend in ihrem Pflegebett, nahm weniger Anteil an ihrer Umgebung und war bisweilen nicht mehr ansprechbar.

Es war für uns alle sehr belastend, diese schwerwiegenden, körperlichen Veränderungen mitanzusehen und zu wissen, dass es nur mehr eine Verschlechterung des Gesundheitszustandes geben würde. Für uns war es ein langer Prozess des Abschiedes und es gab uns ein positives Gefühl neben der Trauer, dass wir ihn zu Hause aktiv gestalten konnten.

Wir begleiteten unsere Mutter durch alle Veränderungen, saßen oft stundenlang – auch schweigend – an ihrem Bett und hielten ihre Hand. Zwischendurch boten wir ihr unterschiedliche Säfte im Schnabelbecher an und ließen ihr die Freiheit, wieviel sie jeweils davon trinken wollte. Mit Hilfe des Sprühfläschchens vom ambulanten

Hospizdienst befeuchteten wir immer wieder ihre Mundschleimhaut oder boten ihr kleine Stückchen Eis, wahlweise auch Schokolade, zum Lutschen an. Mit sichtbarem Genuss probierte sie die unterschiedlichen Geschmacksrichtungen aus.

Die zweite Maiwoche 2012 war die letzte der sechs intensiven Pflegewochen im Haushalt meiner Eltern. Meine Mutter hatte sich bis dahin fortwährend verändert. In ihren letzten Lebenstagen war sie fast nicht mehr zu erkennen. Ihr Gesicht war sehr blass geworden, die Nase sah sehr spitz aus, Arme und Beine fühlten sich immer kalt an – trotz einer warmen Decke und Wollsocken – und hatten eine sehr helle Farbe. Täglich kam der Hausarzt meiner Mutter zu Besuch, setze sich an ihr Bett, untersuchte sie und prüfte gemeinsam mit uns die aktuelle Dosis des Schmerzmittels und die Notwendigkeit anderer Medikamente. Er fragte auch regelmäßig, wie es uns ging und erinnerte daran, die eigenen Kräfte gut einzuteilen und auch an Pausen zu denken.

Bald darauf konnte sich meine Mutter verbal nicht mehr äußern. Sie wurde rund um die Uhr im Bett versorgt, ihr Mund nur mehr gepflegt und feucht gehalten. Vor der Inkontinenzversorgung bekam sie jeweils einen zusätzlichen Morphinbolus, um die Schmerzen beim Drehen möglichst gering zu halten. Auf Nachfragen, die Anwesenheit oder den Zuspruch ihrer Familie reagierte sie nur noch sehr verhalten. Die meiste Zeit schlief sie. In wachem Zustand hatte sie oft einen sehr starren Blick, ihre Augen wirkten leer und fremd.

Unsere Hospizhelferin hatte uns frühzeitig auf den Ablauf des Sterbens vorbereitet, sodass wir kaum mehr Angst hatten und ungefähr wussten, was auf uns zukommen sollte. Auf ihr Anraten hatte ich auch bereits die

Lieblingskleidung meiner Mutter in einem Nebenzimmer für sie bereitgelegt.

Am Nachmittag des 12. Mai – es war der vorletzte Lebenstag meiner Mutter – veränderte sich deutlich hörbar ihre Atmung. Ich rief sofort bei unserer Hospizhelferin an und schilderte ihr die Veränderungen beim Ein- und Ausatmen. Daraufhin kam sie zu uns ins Haus, sah sich unsere Mutter an und erklärte uns dann im Nebenzimmer die Besonderheit dieser sogenannten „Rasselatmung“: Diese würde wenige Stunden vor dem Tod einsetzen und das Atemgeräusch entstehe durch eine Verschleimung der Stimmbänder. Die Hospizhelferin beruhigte uns und meinte, dass unsere Mutter keine Atemnot hätte, sondern alle sichtbaren und hörbaren Veränderungen zum natürlichen Prozess des Sterbens gehörten. Es war eine Hilfe für uns, diese Abläufe erklärt zu bekommen.

An diesem Nachmittag mussten wir alle schmerzlich erkennen, dass unser gemeinsamer Lebensweg in den kommenden Stunden zu Ende gehen würde.

Nach der Absprache mit unserer Hospizhelferin saßen wir zusammen am Bett unserer Mutter. Es war schwierig und sehr traurig für uns, über Stunden hinweg die Rasselatmung zu hören, ihr Gesicht mit den geschlossenen Augen anzusehen und dabei nichts anderes tun zu können, als die Hand zu halten oder den Mund zu pflegen.

Es war ein sehr warmer Tag, sodass wir überwiegend das Zimmerfenster offen lassen konnten. Das Vogelzwitschern im Garten war bis ans Bett meiner Mutter gut zu hören, der Frühlingsduft von verschiedenen Blüten zog in den Raum. Gegen Abend erklärte uns die Hospizhelferin, dass es manchmal sinnvoll sei, dem sterbenden Angehörigen zu sagen, dass er gehen dürfe. Als wir uns etwas später bei der Sitzwache am Bett abwechselten und ich für einen längeren Zeitraum alleine bei meiner Mutter saß, sagte ich leise zu ihr:

> *„Mama, du darfst jetzt gehen. Wir lieben dich und werden dich sehr vermissen, aber trotzdem darfst du jetzt gehen. Du wirst von deinem Leiden erlöst."*

Sie hatte während meiner Worte nach wie vor ihre Augen geschlossen und in ihrer Mimik gab es kein Anzeichen des Verstehens. Ihre Gesichtshaut sah glatt und entspannt aus, daher konnte ich davon ausgehen, dass sie keine Schmerzen hatte.

Die Rasselatmung war bis in die tiefe Nacht hinein, gut hörbar. Wir saßen abwechselnd an ihrem Bett, beobachteten ihr Gesicht – ob sie schmerzbedingt die Gesichtsmimik verzog oder ganz ruhig auf ihrem Kissen lag. Nach und nach wurden alle sehr müde und gingen schlafen.

Gegen Mitternacht war ich alleine im Zimmer meiner Mutter. Ihre Atmung wurde langsam leiser, sie schien ruhig und mit ganz geschlossenen Augen zu schlafen. Ich setzte mich auf den abgedeckten, wenig gepolsterten Toilettenstuhl am Kopfende neben ihr Bett, stellte die Bremsen fest und hielt fortwährend ihre Hand leicht in meiner. Dieser bedürfnisorientierte, fahrbare Stuhl war alles andere als bequem, sodass sich mein Rücken bald bemerkbar machte. Ich wusste instinktiv, dass es die letzte Nacht meiner Mutter sein sollte und beschloss deshalb, trotzdem diese letzten Stunden auf dem Toilettenstuhl sitzend bei ihr zu verbringen. Ich hatte das Licht gedämpft, das Fenster ein wenig gekippt und gab ihr bei jedem noch so geringen Schmerzzucken einen Morphinbolus über die Schmerzpumpe, um sie für die ganze Nacht absolut schmerzfrei zu halten.

So verging die Zeit bis etwa fünf Uhr morgens – immer wieder fielen mir die Augen zu. Meine Hündin lag auf einer Matratze am Boden, leistete mir Gesellschaft und fiel in einen leichten Schlaf. Bei den kleinsten Bewegungen öffnete sie sofort ihre Augen und beobachtete mich genau. Zwischendurch stand ich immer wieder auf, befeuchtete den Mund meiner Mutter, cremte ihre Lippen ein und kontrollierte, ob sie bequem auf ihrem Kissen lag. In den frühen Morgenstunden überwältigte mich meine Müdigkeit derart, dass ich fast vom Toilettenstuhl heruntergerutscht wäre. Da meine Mutter ruhig und entspannt zu schlafen schien, legte ich mich kurz zu meiner Hündin auf die Matratze am Boden.

Gegen sieben Uhr morgens übernahmen dann wieder unsere Hospizhelferin und mein Vater die Sitzwache am Bett meiner Mutter. Ihre Atmung war inzwischen deutlich leiser und flacher geworden, zudem hatte sie vermehrt gut sichtbare Atempausen.

Da ich meine Mutter zuverlässig versorgt wusste, nutzte ich die Gelegenheit und fuhr schnell nach Hause, duschte mich und zog mir frische Kleidung an. Gegen neun Uhr stand ich dann wieder mit meinem Hund neben der Hospizhelferin am Bett. Sie kümmerte sich sehr liebevoll und hatte kurz zuvor die Mundpflege durchgeführt. Innerhalb einer Stunde wurde die Atmung zunehmend leiser und die Atempausen immer häufiger und länger. Das Gesicht meiner Mutter war sehr hell, aber entspannt und um die Nase war ein sogenanntes „weißes Dreieck“ zu sehen. Ruhig und gefasst beobachtete ich sie, streichelte sie immer wieder und hoffte, sie möge von ihrem Leiden erlöst werden. Die Hospizhelferin hatte nicht nur meine Mutter immer im Blick, sondern beobachtete auch mich, da ich nach meiner durchwachten Nacht alles andere als frisch und ausgeruht aussah.

> *„Monika, du musst jetzt auch mal an dich selbst denken und ein wenig frühstücken. Deine Mutter würde auch wollen, dass es dir gut geht und du etwas isst. Geh doch bitte in die Küche und hol dir etwas zu essen."*
> *Sie hatte Recht! Auf dem Weg in die Küche richtete ich erstmals an diesem Tag die Aufmerksamkeit auf meinen eigenen Körper und spürte erst dann einen leichten Schwindel und meinen knurrenden Magen. Als ich gerade ein paar Schlückchen Tee getrunken und ein Brot gegessen hatte, kam plötzlich unsere Hospizhelferin schnell zu mir in die Küche herunter. An ihrem raschen Schritt hörte ich sofort, dass sich die Situation bei meiner Mutter deutlich verändert haben musste.*
> *„Komm schnell hoch! Ich glaube, es ist soweit!"*

Ich rief nach meinem Vater und wir liefen gemeinsam mit klopfenden Herzen die Treppe hoch in das Zimmer meiner Mutter. Mit einem Blick war sofort sichtbar, dass sich ihre Hände und Füße blau-rot-marmoriert verfärbt hatten. Ich setzte mich auf einen Stuhl am Bett, streichelte ihre Hand und schaute gebannt in ihr Gesicht. Sie sah sehr ruhig und entspannt aus, schien schmerzfrei zu sein, die Atmung war sehr leise und kaum mehr hörbar. Ihre Augen waren fest geschlossen.

Das Fenster stand weit offen, die warme Frühlingsluft durchflutete das Zimmer. Plötzlich fing meine Mutter an zu weinen, und Tränen liefen über ihr Gesicht. Ich erschrak sehr und hatte große Angst, sie könnte starke Schmerzen haben. Die Hospizhelferin beruhigte mich, und versicherte, dass ihr Gesicht sehr entspannt und schmerzfrei aussehe.

Und dann ging es sehr schnell: die Atmung meiner Mutter wurde innerhalb weniger Minuten immer leiser, langsamer und schließlich war sie kaum mehr wahrnehmbar. Die Arme verfärbten sich schlagartig für wenige Sekunden blau. Die Atmung kam ganz zum Stillstand und die Arme waren sofort wieder ganz weiß.

Sie war in diesen Minuten – am 13. Mai 2012 um 10:35 Uhr – gestorben.

Es war der Muttertag und ihre Lieblingsblumen – die hellrosa Pfingstrosen – standen in voller Blüte.

Still verweilten wir am Bett und sahen in ihr Gesicht. Mein Herz schlug so vehement, dass ich es in meinen Ohren spürte. Mit einem automatisierten Griff nahm ich die Morphinpumpe in die Hand und drückte routiniert die entsprechenden Knöpfe, um die Schmerzmittelzufuhr zu stoppen und den Computer für immer abzuschalten. Von einer Sekunde auf die andere war es absolut ruhig im Raum.

Diese Stille war fast körperlich spürbar. Die Sonne schien durch das offene Fenster auf das Bettende meiner Mutter und die Vögel in ihrem Garten schienen jetzt besonders eifrig zu singen – so, als würden sie sich von meiner Mutter verabschieden wollen.

Dann fing ich an zu weinen, und die Anspannung der letzten Wochen löste sich. Unsere Hospizhelferin stand meinem Vater und mir auch in diesen schweren Minuten der Trauer sehr liebevoll bei. Kurze Zeit danach kam meine Schwester wir teilten uns diesen Moment des Abschieds.

Etwa eine Stunde später fragte mich die Hospizhelferin, ob ich ihr helfen wolle, meiner Mutter die bereits vorbereitete Kleidung anzuziehen. Ich bat sie, mir zu zeigen, was ich tun sollte. Anschließend nahm ich die Kleider vom Bügel und wir stellten uns zu zweit – eine auf der linken, die andere auf der rechten Seite des Pflegebettes – auf. Das Gesicht meiner Mutter hatte sich inzwischen deutlich verändert: Ihre Haut war sehr glatt, fast faltenfrei, und sie zeigte einen sehr friedlichen Gesichtsausdruck. Ihr liegender Körper wirkte auf mich wie eine Hülle, es war nicht mehr meine Mutter. Mit langsamen Handbewegungen entfernte ich ihre Portnadel. Unter Anweisung der Hospizhelferin zogen wir meiner Mutter eine schöne Hose, Bluse und ihren Lieblingsblazer an. Dann holten meine Schwester und ich frische Blumen aus dem Garten, gestalteten damit das Bett und das Zimmer und zündeten verschiedene Kerzen an.

Ich setzte mich auf einen Stuhl und dachte über die vergangenen Stunden in aller Ruhe nach. Es war ein sehr schönes und befriedigendes Gefühl: Mit dem Bewusstsein, alles Notwendige für ein würdiges und friedliches Sterben getan zu haben, konnte ich meine Mutter ruhig, entspannt und ohne Schmerzen „einschlafen" sehen. Meine Ängste vor dem Sterben oder gar davor, meine Mutter bis zum letzten Atemzug zu begleiten, hatten sich aufgelöst. Sie waren einer tiefen Dankbarkeit gewichen.

Wir hatten die Abholung unserer Mutter durch ein Bestattungsunternehmen für 17 Uhr am selben Tag vereinbart. Der Hausarzt kam vorher zu einem letzten Hausbesuch, musste den Tod meiner Mutter feststellen und den Totenschein ausstellen. Während des Nachmittages saßen wir immer wieder am Sterbebett und begannen, den Abschied zu verarbeiten. Auch einige Nachbarn kamen vorbei, um meiner Mutter die letzte Ehre zu erweisen.

Unsere Hospizhelferin bereitete uns auf die Situation des Abholens durch die Bestatter gut vor und erklärte uns die einzelnen Details. Dann sagte sie uns, dass wir unserer Mutter etwas mitgeben dürften. Meine Schwester entschloss sich, ihr Silberarmkettchen als letztes Geschenk herzugeben. Ich überlegte fieberhaft nach einer passenden Abschiedsgabe für meine Mutter und kam augenblicklich auf die blaue Schwimmnudel. Ich ging in das Wohnzimmer und sie stand noch immer an dem ihr damals zugewiesenen Platz neben dem Klavier.

Eigentlich wollten wir letztes Jahr mit der blauen Schwimmnudel zum Schwimmen in das Freibad fahren – ich schnitt mit dem Küchenmesser ein Stück dieser Nudel ab. Dann lief ich zurück zu meiner Mutter und schob ihr vorsichtig die kleine, blaue Nudelscheibe in ihre Blazertasche. Dabei liefen mir Tränen über das Gesicht. Diese Scheibe stand für alle schönen Erinnerungen der vergangenen Jahrzehnte, an das gemeinsame Schwimmen 2010 und das nicht mehr möglich gewordene Schwimmen im Sommer 2011.

Kurze Zeit später sah ich den weißen Leichenwagen draußen um die Kurve biegen und auf unser Haus zufahren. Die beiden Bestatter klingelten an der Tür und wurden von meinem Vater in das Haus gebeten. Nachdem sie sich die Treppen zum ersten Stock angesehen hatten, holten sie eine schwarze Trage aus dem Auto und kamen damit zu uns in das Zimmer meiner Mutter. Dann lief alles ganz genau so ab, wie es unsere Hospizhelferin beschrieben hatte:

Mit bedachten und würdevollen Handgriffen wickelten die beiden Bestatter unsere Mutter in weiße Leinentücher ein. Dann wurde sie mit ihrem Lieblingskissen unter dem Kopf auf eine Trage gelegt. Nach einem letzten Abschiedsgruß beobachteten wir, wie einer der Bestatter langsam den Reißverschluss der schwarzen Hülle zuzog. Es gab mir ein gutes Gefühl, zu wissen, dass unsere Mutter die Abschiedsgeschenke für immer bei sich trug. Wir begleiteten sie zum Leichenwagen und sahen zu, wie die Trage mit der schwarze Hülle in einen schönen Holzsarg gelegt wurde. Die Bestatter verabschiedeten sich sehr freundlich von uns und schlossen die Türen des Wagens.

Anschließend wurde der Motor gestartet und der Leichenwagen fuhr langsam fort – das letzte Mal, dass meine Mutter mit einem Auto aus der Siedlung fuhr. Das war für mich der schlimmste Moment in der Zeit der Begleitung meiner Mutter. Ich stand weinend auf der Straße. Unsere gemeinsame Lebenszeit als Familie war heute zu Ende gegangen. Diese Vergänglichkeit des Lebens wurde mir beim Wegfahren des Leichenwagens auf das Schmerzlichste bewusst.

Auch heute kann ich diesen Schmerz sehr deutlich nachempfinden, obwohl inzwischen mehr als drei Jahre vergangen sind. Ich sitze an meinem Holztisch, der Regen tröpfelt jetzt auf das Dachfenster und ein starker Wind pfeift um das Haus. Draußen ist es dunkel geworden. Ich richte mich in meine Zukunft aus. Wieviel Zeit hat man, sein Leben sinnvoll zu gestalten? Niemand weiß es. Es liegt an mir, die künftigen Geschehnisse aktiv und positiv zu arrangieren und dabei diese Erinnerungen in meine Lebenswelt zu integrieren.

Ich zünde eine neue Kerze an. Sie leuchtet kraftvoll auf dem dunklen Holztisch, als wäre sie das positive Licht meiner Zukunft.

7.2 So kann die Sterbebegleitung zu Hause möglich sein

„Wollen Sie das Pflegebett wirklich in den ersten Stock stellen? Warum denn nicht in das Erdgeschoss?“, fragte mich der Mitarbeiter des Sanitätshauses, als er die Einzelteile des Pflegebettes, den Toiletten- und Rollstuhl in das Haus meiner Eltern lieferte und gab die schlechtere Erreichbarkeit im ersten Stock zu bedenken. Er stand vor mir, schaute mich fragend an und wartete auf eine Antwort, um weiterarbeiten zu können. Mit dieser Anregung, dass das Pflegebett im Erdgeschoss für alle leichter zugänglich sein würde, war ich kurzzeitig trotz meiner Vorbereitung überfordert, da ich den Platz für das Pflegebett im ersten Stockwerk vorbereitet hatte. Dann entschied ich mich sehr schnell: „Es ist das Lieblingszimmer unserer Mutter, hier wird sie sich im Bett liegend mit dem Blick durch das große Fenster zum Garten hinaus wohl fühlen“.

Wenn man sich für die Sterbebegleitung eines Familienangehörigen im eigenen Haushalt entschieden hat, ist es gut, den Raum für das Pflegebett mit Bedacht auszuwählen. Bei den Überlegungen sollte zum Beispiel miteinbezogen werden, welches Zimmer der betroffene Mensch am liebsten mag. Aber auch andere Kriterien gilt es, zu bedenken: ausreichend Platz für das Pflegebett mit Zugang von verschiedenen Seiten, ein gutes Raumklima, Belüftungsmöglichkeiten, Helligkeit und Hörweite zu den anderen Zimmern. Das Krankenhaus wird einen Termin für die Entlassung nach Hause vereinbaren und vermutlich ein Sanitätshaus mit der Anlieferung der Pflegemittel beauftragen. Spätestens einen Tag vor der Anlieferung des Pflegebettes sollte in dem dafür bestimmten Zimmer entsprechend Platz geschaffen werden. Es ist wichtig, den Raum für den zu pflegenden Angehörigen so schön wie möglich – zum Beispiel mit Blumen, Fotografien zum Ansehen, Kerzen oder anderen persönlichen Gegenständen – zu gestalten. Um ein „Wundliegen" zu vermeiden, erhält man nach Bedarf vom zuständigen Arzt auch das Rezept für eine Wechseldruckmatratze, welche die Entstehung eines Dekubitus (Druckgeschwür) vorbeugt und bereits vorhandene Beschwerden lindern kann. In einem Sanitätshaus, beziehungsweise auch in einer Apotheke, erhält man weitere, zum Teil von Anfang an notwendige Pflegemittel:

- Inkontinenzeinlagen in der entsprechenden Größe
- (Einmal-) Betteinlagen zum Schutz der Matratze
- Gummihandschuhe zum Eigenschutz (verschiedene Größen)
- Utensilien zur Körperpflege (Einmalwaschlappen etc.)
- Schnabeltasse zur Unterstützung beim Trinken
- Reinigungsstäbchen und Sprühfläschchen für die Mundpflege
- Hydrolate (Aromatische Wässer) zur Befeuchtung der Haut und Mundschleimhaut
- Salben und Öle zur Minimierung der Dekubitusgefahr
- Pflegecreme zur Lippenpflege

Neben den bereits genannten Pflegemitteln sollten auch andere, ggf. benötigte medizinische Geräte, wie Sauerstoffflasche und -maske, Infusions- oder Schmerzpumpe oder Absauggerät, spätestens einen Tag vor dem Nach-Hause-Holen angeliefert worden sein, um sich in Ruhe vorbereiten zu können. Es ist notwendig, sich ausführlich in die Bedienung der notwendigen Geräte einweisen zu lassen. Eine Visitenkarte oder ein Flyer mit einer 24-Stunden-Notrufnummer, die für alle Familienmitglieder gut sichtbar zum Beispiel im Zimmer des zu Pflegenden hängt, gibt ein Stück Sicherheit. Wie im vorhergehenden Kapitel beschrieben, hatten wir bei meiner Mutter für die Schmerztherapie eine Schmerzpumpe, durch die sie rund um die Uhr mit flüssigem Morphin über ihre Portnadel versorgt wurde. Ein Krankenpfleger mit Palliative-Care-Ausbildung, der auch ein Spezialist für die Schmerztherapie war, betreute uns kontinuierlich, wechselte die Portnadel und brachte uns die vorbereiteten Morphinkassetten. In meinem Fall betreute uns die Firma MEDIQ Nutrimedicare. Firmenspezifische Möglichkeiten der ambulanten Ernährungs- und Schmerztherapie sind im Internet unter www.nutrimedicare.de zu finden.

Für die Pflege zu Hause erhält man Unterstützungsleistungen von der Pflegekasse. Der Leistungsumfang richtet sich nach dem Pflegeaufwand für den Pflegebedürftigen („Pflegegrad"), der von der Pflegekasse festgelegt wird. Sollte das Krankenhaus noch keinen schriftlichen Antrag auf die Feststellung des Pflegegrades bei der Pflegekasse gestellt haben, ist es wichtig, selbst an diese notwendigen Formalitäten zu denken. Die möglichen Leistungen der Pflegekasse werden nicht rückwirkend erbracht, sondern frühestens ab dem Monat der Antragstellung. Ab dem 01.01.2017 wird zwischen fünf Pflegegraden (früher: „Pflegestufen“) unterschieden.

> *„In Zukunft werden körperliche, geistige und psychische Einschränkungen gleichermaßen erfasst und in die Einstufung einbezogen. Mit der Begutachtung wird der Grad der Selbstständigkeit in sechs verschiedenen Bereichen gemessen und – mit unterschiedlicher Gewichtung – zu einer Gesamtbewertung zusammengeführt. Daraus ergibt sich die Einstufung in einen Pflegegrad. Die sechs Bereiche sind: Mobilität, Kognitive und kommunikative Fähigkeiten, Verhaltensweisen und psychische Problemlagen, Selbstversorgung, Bewältigung von und selbstständiger Umgang mit krankheits- oder therapiebedingten Anforderungen und Belastungen, Gestaltung des Alltagslebens und sozialer Kontakte“ (Paritätische Akademie Süd 2016, 1).*

Weiterführende Informationen dazu sind in der Broschüre „Pflegestärkungsgesetze“ (zum kostenlosen Herunterladen) auf der Seite www.bundesgesundheitsministerium.de zu finden (Bundesministerium für Gesundheit 2016a).

Der Entlassungstag ist der Tag, an dem der Angehörige vom Krankenhaus wieder (zu sich oder zu Angehörigen) nach Hause kommt. Bis zu diesem Tag sollten die Vorbereitungen im Haushalt nach Möglichkeit beendet sein, sodass man sich nach der Ankunft des Patienten ganz in Ruhe auf dessen Betreuung konzentrieren kann.

Vor dem Krankentransport nach Hause erhalten Sie vom Arzt des Krankenhauses den „Entlassbrief“ und eine Liste mit den erforderlichen Medikamenten, Zeitangaben und den entsprechenden Dosierungen. Bei Unklarheiten über die Wirkung der unterschiedlichen Medikamente sollten Sie sich zeitnah mit dem behandelnden Arzt besprechen. Fragen Sie nach dem aktuellen Befinden Ihres Angehörigen und erkundigen Sie sich auch, welche Medikamente zu Hause bei Schmerz- und Unruhezuständen notwendig sind.

Am Entlassungstag sollte der Hausarzt benachrichtigt werden, dass der Angehörige zu Hause angekommen ist. Bei einem ersten Hausbesuch kann der Arzt sich ein Bild vom Gesundheitszustand des Patienten machen und erhält durch den Entlassbrief vom Krankenhaus alle weiteren Informationen. Wichtig: Die telefonische Erreichbarkeit des Hausarztes bzw. das Vorgehen bei Notfällen, wenn zum Beispiel plötzlich die Schmerzen in der Nacht rapide zunehmen, muss unbedingt besprochen werden. Ein gemeinsam mit dem Arzt vorbereiteter, schriftlicher Notfallplan (mit der Patientenverfügung als Anlage), in dem Anweisungen für einen möglichen Notarzteinsatz festgehalten sind, erspart im Ernstfall Zeit und gibt ein Stück Sicherheit. Einige Hausärzte geben hierfür ihre Mobilnummer heraus, die für alle pflegenden Personen gut sichtbar aufgehängt werden sollte.

Ein Notfallplan ist z. B. im Buch Hospiz & Co von Ida Lamp (2012) abgedruckt.

Die ersten Tage der Pflegezeit im eigenen Haushalt werden die schwierigsten sein. Die Situation ist völlig neu und sehr ungewohnt. Es kann sein, dass man sich zunächst sehr unsicher und überfordert mit den unterschiedlichen Tätigkeiten fühlt. Hier ist es wichtig, sich Zeit zu geben, in diese neuen Aufgaben hineinzuwachsen. Beim behandelnden Arzt sollte man sich gut über verschiedene, schmerzstillende und auch beruhigende Medikamente und deren möglichen Einsatz für den Patienten informieren und sich einen Vorrat an Bedarfsmedikamenten für zu Hause anlegen.

Holen Sie sich nach Bedarf Hilfe von einem Pflegedienst, Hospizdienst oder auch von einem für Sie örtlich zuständigen SAPV-Team. Zum Beispiel können Sie mit der Koordinatorin eines Hospizdienstes (zumeist ist das eine Krankenpflegerin mit Palliative-Care-Ausbildung) Ihre Ängste und Unsicherheiten besprechen oder sich auch in Hebe- und Tragetechniken bzw. Möglichkeiten der Lagerung einweisen lassen. Informieren Sie sich auch zu den Bedürfnissen eines Menschen (nach Nahrung und Trinken) in der letzten Lebensphase. Empfehlenswert für die Vorbereitung ist auch das Lesen von entsprechenden Büchern.

Keller, C., Schels, K. (2013): So gelingt Pflege zu Hause. Ein Ratgeber für pflegende Angehörige. Ernst Reinhardt, München / Basel

Borasio, G. D. (2013): Über das Sterben. Was wir wissen. Was wir tun können. Wie wir uns darauf einstellen. dtv Verlagsgesellschaft, München

Lamp, I. (2012): Hospiz und Co. So finden Sie die beste Betreuung am Lebensende. Ernst Reinhardt, München / Basel

Nach einigen Tagen der Pflege im eigenen Haushalt wird man an Sicherheit gewinnen und sich ganz der liebevollen Betreuung des Angehörigen widmen können. Es ist möglich, auch bei sich selbst eine zunehmend positive Veränderung in der Haltung zur Pflege und zur Auseinandersetzung mit dem Sterben zu erleben. Nach meiner Erfahrung werden Vorbehalte und Ängste kleiner, je mehr man im täglichen Umgang mit dem schwerkranken Angehörigen erlebt. Bei der Pflege und Betreuung stehen die Wünsche des Betroffenen, sein Wohlbefinden und die Schmerzfreiheit immer an erster Stelle – wenn er zum Beispiel nichts trinken oder essen, oder auch keine Musik hören möchte, sollte man ihn nicht dazu drängen!

Im Verlauf der Pflegewochen ist es sehr empfehlenswert, in Schichten zu arbeiten. Eine gute Absprache sorgt für ausreichend Schlaf und Erholung für alle Beteiligten.

Wichtig sind auch die tägliche Dokumentation des Behandlungsverlaufes und die Kontrolle der Medikamente. Eine Kopiervorlage, die ein schnelles, unkompliziertes Dokumentieren ermöglicht, ist im Anhang (S. 149) zu diesem Buch zu finden. Hierzu empfiehlt es sich, sich mit der Familie und dem Pflegedienst abzusprechen, wie und wo zum Beispiel die Gabe von Medikamenten, die Änderung der Dosierung, aber auch besondere Zwischenfälle und Häufigkeit der Verdauung notiert werden.

Die Zeit, in der der Angehörige noch gut ansprechbar ist, sollte man nutzen, um noch wichtige Begebenheiten (z. B., falls noch nicht geschehen, das Erstellen einer Patientenverfügung) zu klären und sich viel Zeit für das Abschiednehmen einräumen. Das Erfüllen so vieler Wünsche wie möglich wird dem Patienten die verbleibende Zeit sehr angenehm gestalten. Was ist zum Beispiel sein Lieblingsgetränk? Welches Eis mag er gerne?

Suchen Sie das Gespräch mit dem Erkrankten (auch hinsichtlich seiner letzten Wünsche bezüglich lebensverlängernder Maßnahmen), informieren Sie den Arzt über den Verlauf, reden Sie auch über Ihre Ängste, und klären Sie, welche Medikamente Ihrem Angehörigen in den letzten Tagen helfen. Besprechen Sie mit dem Arzt auch die Inhalte der Patientenverfügung.

Eine Patientenverfügung ist eine Anweisung, welcher der Arzt folgen muss. Damit legt der Erkrankte fest, welche medizinischen Maßnahmen am Lebensende eingeleitet werden sollen und – vor allem – welche nicht. Das ist wichtig, denn die Ablehnung von Maßnahmen ist, im Gegensatz zu Therapiewünschen, auch ohne eine Begründung für den Arzt bindend (*Borasio 2014*).

„Der behandelnde Arzt hat eine derart verbindliche Patientenverfügung zu beachten. Die Missachtung des Patientenwillens kann als Körperverletzung strafrechtlich verfolgt werden. Die neuen Bestimmungen legen ausdrücklich fest, dass der Betreuer bzw. Bevollmächtigte dem Willen des Patienten Ausdruck und Geltung zu erschaffen hat." (Bayerisches Staatsministerium der Justiz und für Verbraucherschutz 2015, 16).

Informationen zur Erstellung einer Patientenverfügung und Beispiele für die Formulierung kann man als Broschüre auf der Internetseite des Bundesministeriums der Justiz und für Verbraucherschutz (www.bmjv.de, „Patientenverfügung") herunterladen (Bundesministerium für Justiz und für Verbraucherschutz 2016).

Wenn es dem Angehörigen schließlich deutlich schlechter geht, er kaum mehr Nahrung und Getränke zu sich nehmen mag und teilweise kaum oder nicht mehr ansprechbar ist, wird der Hausarzt vermutlich täglich zum Hausbesuch kommen.

Dann ist es wichtig, sich gut auf den Sterbeprozess vorzubereiten und die einzelnen Phasen des Sterbeprozesses mit dem Hospizhelfer im Voraus zu besprechen. Die letzten Lebenswochen werden als „Präterminalphase“, die letzten Tage als sogenannte „Terminalphase“ und die Sterbephase als „Finalphase“ bezeichnet (*Lamp 2012*).

Im Zeitraum der letzten Lebenswochen verändert sich der Körper eines sterbenden Menschen langsam: Der Betroffene ist weniger an seiner Umgebung interessiert, möchte kaum mehr essen und trinken und kann möglicherweise in den letzten Tagen nicht mehr schlucken. Diese Veränderungen sind individuell unterschiedlich und auch für die Familienangehörigen mitunter sehr belastend. Angehörige fragen sich oft und immer wieder, ob der Sterbende an quälendem Hunger- und Durstgefühl leidet, wenn er selbst nicht mehr essen oder trinken kann, und ob eine künstliche Zufuhr von Nahrung und Flüssigkeit erfolgen muss. Der Palliativmediziner Gian Domenico Borasio beantwortet diese Frage in seinem Buch „*Über das Sterben*“ mit: NEIN. Ein Gewichtsverlust ist am Lebensende nicht zu vermeiden, in der Sterbephase haben Menschen in der Regel keinen Hunger. Das Zuführen von Flüssigkeit über einen intravenösen Zugang hilft nicht, ein mögliches Durstgefühl zu verringern, da das durch eine trockene Mundschleimhaut hervorgerufen werden kann. Weil außerdem die Niere das erste Organ ist, das in der Sterbephase seine Funktionen einschränkt, kann über eine Infusion zugeführte Flüssigkeit den Körper nicht mehr verlassen und wird in das Gewebe und die Lunge eingelagert. Das kann zu einem Lungenödem und in Folge dessen zu Atemnot führen (*Borasio 2013*). Pflegemittel, die für die letzten Tage notwendig werden, sind folgende:

- Pipette zum Einträufeln oder kleine Kunststoff-Sprühflasche zum Einsprühen der Flüssigkeit in den Mund
- Reinigungsstäbchen für die Mundschleimhaut
- Wattestäbchen für eine vorsichtige Reinigung der Nase
- CD-Player für die Lieblingsmusik
- Eis oder auch Eiswürfel aus dem Lieblingssaft

Im weiteren Verlauf sinkt der Blutdruck und auch der Puls verändert sich (*Tausch-Flammer/Bickel 2014a*). Arme und Beine können durch eine geringere Durchblutung kälter werden, aber auch Schwitzen und Fieber sind möglich. Eine Veränderung des Atems ist häufig zu beobachten: Dieser kann schneller werden oder auch langsamer, mit zunehmenden und länger werdenden Atempausen. Wenige Stunden vor dem Sterben kann eine sogenannte „Rasselatmung" einsetzen, die durch Schleimabsonderungen der Lunge – die nicht mehr abgehustet werden können – entstehen kann. Für Begleiter, die am Bett des Sterbenden sitzen, kann das Zuhören bei der Rasselatmung sehr belastend sein. Daher ist es gut, sich auch bei der Betreuung in den letzten Tagen und Stunden gut mit den anderen Familienangehörigen abzusprechen. Wichtig ist vor allem auch, an die eigenen Kräfte, an ausreichend Schlaf, Nahrung und auch Bewegung zu denken.

Am Lebensende des Angehörigen wird es helfen, den geliebten Menschen „loszulassen". Manche Menschen möchten es auch hören: „Ich liebe dich und daher lasse ich dich jetzt los. Du kannst gehen.“

Man kann den sterbenden Familienangehörigen auch in den letzten Stunden seines Lebens noch gut unterstützen und begleiten, indem man sich ganz ruhig an das Bett setzt, bei Bedarf in den Mund Wasser einträufelt oder einsprüht, um die Mundschleimhaut zu befeuchten und die Lippen mit einer Creme pflegt. Mögliche Schmerzen kann man durch genaue Beobachtung der Gesichtsmimik erkennen und dann über die Morphinpumpe sofort Abhilfe verschaffen. Allein die Anwesenheit und Pflege kann dem Familienangehörigen helfen, zu Hause friedlich, würdevoll und schmerzfrei zu sterben. Das wird für ihn das größte Geschenk sein. Nach meiner Erfahrung ist es eine große emotionale und psychische Anstrengung. Erst im Nachhinein wird man diese Begleitung als große Bereicherung erfahren, die sich auch nachhaltig auf das eigene Leben auswirken wird.

Nach einer Zeit der Rasselatmung können Anzeichen eines nahen Todes sichtbar werden: Die Augen des Sterbenden können halboffen oder ganz geöffnet sein und scheinen zur Zimmerdecke, beziehungsweise in die Weite zu blicken. Die Atmung ist durch den offenen Mund hörbar – mit möglichen Atempausen. Die Haut an Armen und Beinen kann sich verfärben (bläuliche Marmorierung) und die Gesichtshaut um die Nase erscheint weiß. Wenn schließlich der Atem und Herzschlag ganz aufhören, tritt der Tod ein (*Tausch-Flammer/Bickel 2014a*).

Sollte man im Moment der letzten Atemzüge nicht am Bett des Angehörigen sitzen, weil man sich, vielleicht zufällig, in einem anderen Raum aufhält, dann darf man sich auf keinen Fall Vorwürfe machen!

Nehmen Sie sich mit allen Familienangehörigen – nachdem der Tod eingetreten ist – Zeit. Zeit, die Sie brauchen: zum Sehen, zum Fühlen, zum Verarbeiten des Erlebten und zum Weinen. Handeln Sie entsprechend Ihren Empfindungen. Zum Beispiel könnte man eine Kerze anzünden, das Fenster öffnen oder Blumen auf das Bett legen. Möchten Sie den Verstorbenen würdevoll zurechtmachen? Wenn Sie den Wunsch haben, können Sie auch mit Hilfe der Hospizhelferin den Verstorbenen ankleiden – was waren seine Lieblingskleidungsstücke?

Wenn man den Verstorbenen nach seinen Vorstellungen hergerichtet hat und abschließend gemeinsam mit der Familie die letzten Minuten oder Stunden am Pflegebett sitzt, wird (nach meiner Erfahrung) ein Gefühl von unbeschreiblicher Ruhe und tiefem Frieden eintreten.

Zurück bleibt eine tiefe Dankbarkeit, dass man seinem Angehörigen ein friedliches Sterben in der gewohnten Umgebung ermöglichen konnte. Beim genauen Betrachten (finde ich) erscheint der Körper des Verstorbenen wie eine leere „Hülle“, der Geist und die Seele, die Elemente die einen ganzen Menschen ausmachen, scheinen den Körper „verlassen“ zu haben.

„Der Tod ist ganz einfach das Heraustreten aus dem physischen Körper, und zwar in gleicher Weise, wie ein Schmetterling aus seinem Kokon heraustritt.“ (Elisabeth Kübler Ross 1989, 15)

8 Weiterleben mit der Erinnerung

8.1 Sterbetag und Trauerfeier

Die vergangene Dezembernacht im Jahr 2015 war sternenklar und kalt. Jetzt am Mittag hat sich die Luft gut erwärmt, die Sonne strahlt und ich kann von meinem Fenster aus die Zugspitze sehen. Heute ist es an der Zeit, mein letztes Kapitel zu schreiben. In Gedanken gehe ich zurück zu diesem traurigen Tag, dem Sterbetag meiner Mutter.

Nachdem der Leichenwagen damals mit meiner Mutter aus der Wohnsiedlung weggefahren war, gingen meine Schwester, mein Vater und ich weinend zum Haus zurück. Wir setzten uns mit der Hospizhelferin auf die Terrasse, besprachen die letzten Stunden und ließen unserer Trauer Raum. Es war die Zeit gekommen – nach den Wochen der anstrengenden Pflege –, den eigenen Gefühlen freien Lauf zu lassen. Nur langsam verstanden wir, dass unsere Mutter verstorben war und nicht mehr zurückkehren würde.

Im Verlauf des Nachmittages benachrichtigten wir alle Familienmitglieder und die engsten Freunde.

Am Abend des Sterbetages ging ich immer wieder allein in das Zimmer meiner Mutter und setzte mich auf den Toilettenstuhl, der noch neben ihrem Bett stand. Ich starrte auf die leere Matratze – mein Vater hatte das Bettlaken schon abgezogen – und versuchte zu begreifen, dass sie gestorben war und nie mehr in diesem Bett liegen würde. Ich konnte es nicht fassen. Dieses Gefühl der unbegreiflichen Endlichkeit sollte sich in den folgenden Tagen, Wochen und Monaten zunächst noch vergrößern und erst dann langsam, im Lauf der Zeit, abnehmen.

Während mein Blick immer wieder über die Matratze zu den Fotos an der Wand und zu den Blumen auf der Fensterbank wanderte, spürte ich zum ersten Mal eine große Erschöpfung nach den fast sechs Wochen der intensiven Pflege.

Am nächsten Tag führten wir eine Vielzahl von Telefonaten, organisierten die Trauerfeier und ich gestaltete die Sterbekärtchen. Nach Absprache mit meiner Schwester und meinem Vater setzte ich die ausgesuchten Texte auf die Karten und schmückte sie mit selbst fotografierten Blumenbildern meiner Mutter. Ihre Lieblingsblume, die rosafarbene Pfingstrose, kam auf das Titelblatt des Sterbekärtchens und auf die Einladung zum Gottesdienst.

Auch am Abend des zweiten Tages setzte ich mich in aller Ruhe für eine geraume Zeit an das leere Pflegebett, zündete eine Kerze an und versuchte, die Vergänglichkeit zu begreifen. Es war sehr schwierig, die vergangenen Ereignisse und den Abschluss der Phase des Pflegens meiner Mutter zu erfassen. Nach der anfänglichen Unsicherheit Anfang April 2012 hatten wir uns bald ganz gut in die palliative Pflege eingearbeitet und die einzelnen Handgriffe der Pflegemaßnahmen relativ routiniert durchgeführt. Im Nachhinein waren wir alle sehr froh, dass wir unsere

Mutter nicht in ein Hospiz gebracht, sondern sie zu Hause betreut hatten.

Es war ein gutes Gefühl, rund um die Uhr alles, was uns möglich war, für sie getan zu haben. So konnte sie noch einige gute Tage fast schmerzfrei zu Hause erleben, in ihren Garten sehen und in ihrem eigenen Zimmer sterben. Wir hatten sie bis zum Lebensende begleitet und dabei selbst die Bedeutung bedingungsloser Liebe und eine – bis dahin nicht gekannte – Erfüllung erfahren. Unsere verstorbene, von uns schön angezogene Mutter mit ganz entspanntem – ja, fast glücklichem – Gesicht im Pflegebett liegen zu sehen, erfüllte uns alle mit tiefer Zufriedenheit und Dankbarkeit.

Die Tage nach dem Tod meiner Mutter waren voll mit organisatorischen Dingen: zum Bestatter gehen, den Ablauf der Trauerfeier besprechen und die Urne auswählen. Diese war in einem schönen Blau gehalten, ihrer Lieblingsfarbe. Ich kann mich heute noch gut an den Moment erinnern, als wir das Büro des Bestatters gemeinsam betraten, ein Raum mit verschiedenen Särgen und Urnen zum Anschauen. Dort wurde mir die Endlichkeit des Lebens besonders vor Augen geführt. Die Planung der Trauerfeier und Urnenbestattung hatten wir insgesamt als sehr anstrengend erlebt.

Acht Tage später, am 21. Mai 2012, fand schließlich die Trauerfeier meiner Mutter statt. In der Nacht zuvor hatte ich kaum schlafen können und empfand den auf uns zukommenden Gottesdienst als sehr „unwirklich". Als ich am Morgen aufwachte und aus dem Fenster sah, schien die Sonne. Die Pfingstrosen meiner Mutter standen nach wie vor in voller Blüte. Als ich in Schwarz gekleidet mit Sonnenbrille an der Kirche ankam, hatten sich schon viele ehemalige Kolleginnen meiner Mutter, Bekannte, Freunde und Familienmitglieder, auch meines Vaters, versammelt. Durch die Beileidsbekundungen beim Eintreten und den Blick auf das große Foto meiner Mutter, das am Altar stand, drängte sich mir die Realität auf:

Meine Mutter ist verstorben, sie liegt jetzt im Sarg und wird nie wieder zu ihrer Familie zurückkehren.

Ich stellte vor ihr Bild noch verschiedene kleine Kerzen, die die Form von Schmetterlingen hatten und zündete sie an. Nach und nach füllte sich die ganze Kirche bis auf den letzten Platz. Wir waren sehr erstaunt, wie viele – zum Teil auch uns fremde Menschen – aus dem Ort gekommen waren, um unserer Mutter die letzte Ehre zu erweisen. Mit ihnen als Beistand spürte ich die Kraft, die von dem gemeinsamen Singen der Lieder ausging. Der Gottesdienst war sehr schön. Der Pfarrer hielt die Rede so, wie sie von meiner Mutter schon vor Monaten vorbereitet worden war und fand darüber hinaus Zuversicht spendende Worte für uns. Der Kirchenchor sang die von ihr gewünschten Lieder. Die Stimmung war traurig, aber auch sehr feierlich und tröstlich.

Zum Abschluss zogen die Gottesdienstbesucher, angeführt von den Ministranten und dem Pfarrer, hinaus auf den Friedhof. Im Halbkreis standen schließlich alle zwischen den Gräbern mit Blick zum Sarg, der von Kerzen und Pfingstrosen umgeben war. Ich versuchte, mir vorzustellen, wie meine Mutter darin lag. Ein sehr befremdliches Bild – angesichts der Tatsache, dass sie ein Leben lang ein sehr aktiver und fleißiger Mensch gewesen war. Ich stand unter einer Trauerweide, die Sonne schien warm auf die uns umgebenden Gräber. Die Gebete des

Pfarrers wurden vom Singen der Vögel begleitet und mein Blick wanderte über unser Sargbouquet.

Vor meinem inneren Auge sah ich das kleine Stückchen Schwimmnudel im Blazer meiner Mutter: Eine kleine, blaue, zunächst unbedeutende Schwimmnudelscheibe, aber ein großes Stück Erinnerung an unser gemeinsames Leben, an die vielen Momente des Glücks und der Freude – nicht nur beim gemeinsamen Schwimmen.

Auf dem Friedhof fasste ich den Entschluss, die Hilfsbereitschaft meiner Mutter soll weiterleben. Ihre und unsere Erfahrungen in der Palliativpflege im eigenen Haushalt sollten anderen Angehörigen in dieser schwierigen Situation (als Flyer) zur Verfügung gestellt werden und ihnen vielleicht helfen können.

Am Abend nach der Trauerfeier waren meine Schwester, mein Vater und ich sehr müde, aber auch zufrieden. Alle Formalitäten waren weitgehend erledigt. Die Erschöpfung war eine Folge der vorangegangenen, intensiven Pflegewochen und der Begleitung der Krebserkrankung über Monate hinweg. Sie sollte noch über Wochen und Monate bis in das Jahr 2013 anhalten.

In der ersten Zeit nach dem Tod meiner Mutter besuchte ich immer wieder ihre verschiedenen Lieblingsorte am See oder auch verschiedene Geschäfte und Plätze in München-Pasing. Die ersten Besuche dieser, von Erinnerungen geprägten Orte wurden von einem starken Gefühl der Trauer begleitet und ich fragte mich manchmal, warum ich mich damit so stark konfrontieren musste. Im Verlauf der Wochen bemerkte ich dann aber eine Veränderung: Je öfter ich die Lieblingsorte meiner Mutter besuchte und mich dadurch mit meiner Trauer auseinandersetzte, desto leichter wurde mein subjektives Empfinden an diesen besonderen Plätzen. Dadurch lernte ich, dass ich ihren Tod schneller und besser verarbeiten konnte, je intensiver ich mich mit dem Verlust beschäftigte. Innerhalb weniger Monate fand ich zu meinem seelischen Gleichgewicht zurück und das Gefühl der Trauer wandelte sich langsam in ein Gefühl der geistigen Verbundenheit mit meiner Mutter.

Inzwischen ist es dunkel geworden, ein warmer Dezembertag im Jahr 2015 neigt sich dem Ende zu.

Ich habe die Geschichte meiner Mutter zu Ende geschrieben. Eine Lebensgeschichte, gefüllt mit traurigen und schönen Lebensmomenten, die auch ein Teil meines Lebens geworden ist. Die Frage, warum sie eine schwere Krebserkrankung erleiden musste, wird für immer unbeantwortet bleiben. Was ich aus der Geschichte meiner Mutter gelernt habe, ist die Tatsache, dass wir nur eine Gesundheit haben und wir auf diese gut achten sollten.

Die orangefarbene Kerze auf meinem Tisch flackert, ist in Bewegung, so wie das Leben fortwährend in Bewegung und in einer Weiterentwicklung ist. Es liegt an uns, die guten und auch schlechten Momente als Teile unseres Lebens zu betrachten. Gerade an den schwierig anmutenden Herausforderungen werden wir wachsen.

Die Geräusche der Nacht sind jetzt durch mein gekipptes Fenster gut zu hören. Die Sterne leuchten hell am Nachthimmel. Es ist Zeit, loszulassen und ich schicke meine Erinnerungen an die Sterbebegleitung meiner Mutter durch das Fenster in die Nacht hinaus.

8.2 Aus Angst wird Bereicherung

Im August 2012 begann ich, unsere Erfahrungen mit der palliativen Pflege als Angehörige im eigenen Haushalt aufzuschreiben. Wie kam es zu dieser Idee? Als ich damals im April meine Mutter von der Palliativstation abgeholt hatte, wünschte ich mir so etwas wie eine Liste für die notwendigen Abläufe und Pflegeutensilien vom Krankenhaus. Mein Vater, meine Schwester und ich kamen uns mit der Pflegesituation ziemlich unvorbereitet „ins kalte Wasser" geworfen vor. Den Gedanken, unsere Erfahrungen für andere Angehörige aufzuschreiben, um ihnen damit helfen zu können, hatte ich dort sogar noch mit meiner Mutter besprochen.

Im September 2012 entwickelte ich aus meinen Aufzeichnungen schließlich einen Flyer und verschickte ihn an Palliativstationen und Hospizvereine (www.keck-monika.de). In den dann folgenden Monaten setzte ich mich intensiv mit der Palliativmedizin und der entsprechenden Pflege auseinander und las interessiert verschiedene Bücher zum Thema Sterben.

Borasio, G. D. (2014): selbst bestimmt sterben. Was es bedeutet. Was uns daran hindert. Wie wir es erreichen können. C. H. Beck, München

Kübler-Ross, E. (1989): Über den Tod und das Leben danach. 10. Aufl. Die Silberschnur, Melsbach

Schließlich entstand mein Wunsch, mich beruflich zu verändern und langfristig auch als Sozialpädagogin im Bereich der palliativen Versorgung zu arbeiten.

Im Februar 2015 begann ich mit meiner Fortbildung: Palliative Care Psychosozial, die ich im September desselben Jahres abschloss. Seit Mai 2015 arbeite ich in einem stationären Pflegeheim für Senioren als Leitung der sozialen Betreuung und die Sterbebegleitung bei Bewohnern ist ein Teil meines Aufgabenbereiches.

Was ich noch aus meinen Erfahrungen gelernt habe? Angehörige können, trotz anfänglicher Unkenntnis und Überforderung, die Pflege eines geliebten Menschen leisten. Es ist möglich, in diese schwierige Situation hineinzuwachsen und sie mit Hilfestellung von außen zu meistern. Entscheidend ist, wie man für sich folgende Fragen beantwortet:

- Wie ist mein Blickwinkel auf die Situation? Wie ist meine persönliche Einstellung, kann ich mich darauf einlassen?
- Kann ich fachliche Unterstützung durch einen Hospizdienst, ein SAPV Team oder, bei Bedarf, auch psychologische Begleitung annehmen?
- Bin ich bereit, mich auch positiv mit dem Thema Sterbebegleitung auseinanderzusetzen?

Die aktive Auseinandersetzung birgt die Möglichkeit, über sich selbst hinauszuwachsen und die letzten Wochen, Tage und Stunden mit dem geliebten Menschen als eine intensive, erfüllende Bereicherung zu erleben.

Ich bin sehr dankbar für die Möglichkeit, dass ich meine Mutter mit meiner Schwester und meinem Vater bis zu ihrem letzten Atemzug zu Hause begleiten konnte und empfinde es nach wie vor als eine große Bereicherung, die mein Leben und meinen Umgang mit dem Sterben nachhaltig positiv verändert hat.

Sehr erfreulich finde ich, dass die palliative Versorgung der Patienten in Deutschland in Zukunft noch weiter ausgebaut wird. Jeder Mensch hat das Recht auf einen würdevollen, schmerz- und angstfreien Tod, der entsprechend seiner subjektiven Wünsche gestaltet sein sollte:

> *„Der Deutsche Bundestag hat am 5. November 2015 mit großer Mehrheit das Gesetz zur Verbesserung der Hospiz- und Palliativversorgung in Deutschland beschlossen, das am 8. Dezember 2015 in Kraft getreten ist. Das Gesetz enthält vielfältige Maßnahmen zur Förderung eines flächendeckenden Ausbaus der Hospiz- und Palliativversorgung in allen Teilen Deutschlands, insbesondere auch in strukturschwachen und ländlichen Regionen." (Bundesministerium für Gesundheit 2016b, 1)*

Ich möchte Angehörige zur Pflege im eigenen Haushalt ermutigen und hoffe, dass ich Ihnen mit meinem Buch ein Stück weiterhelfen und Sie anregen konnte, sich intensiv mit dem Thema Sterben auseinanderzusetzen.

Ich wünsche mir, dass meine Zeilen auch Ihnen, wenn Sie im Palliativbereich arbeiten, für die Sensibilisierung der Bedürfnisse von pflegenden Angehörigen eine Unterstützung bieten.

> *„Dein Gehen war deine Erlösung von Krankheit und Schmerz – dein Sterben ist meine Trauer, Herausforderung und Weiterentwicklung. In tiefer Liebe und Dankbarkeit gehe ich meinen Lebensweg weiter."*
>
> *Monika Keck*

9 Im Überblick: An was man für eine Sterbebegleitung denken muss

Grundsätzlich steht man zunächst vor einer schwierigen Entscheidung: Soll der Angehörige für die letzte Lebensphase in ein Hospiz verlegt werden oder ist die Pflege und die Sterbebegleitung zu Hause im Kreis der Familie möglich?

Einen klaren Gedanken zu fassen, ist schwer, und Gefühle wie Trauer, Verzweiflung, Hilflosigkeit und Überforderung beeinträchtigen die Urteilsfähigkeit. Das ist zu diesem Zeitpunkt normal.

Daher ist es sehr wichtig, sich für diese verantwortungsvolle Entscheidung ausreichend Zeit zu nehmen. Gespräche mit dem Betroffenen, der Familie, dem behandelnden Arzt und weiteren zuständigen Personen vor Ort im Krankenhaus können eine Entscheidung erleichtern.

Ist diese dahingehend gefallen, dem Angehörigen die letzten Lebenswochen zu Hause so angenehm und schmerzfrei wie möglich gestalten zu wollen, sollte das dem zuständigen Arzt mitgeteilt werden. Die notwendigen organisatorischen Schritte, wie etwa die Bestellung von Hilfsmitteln, können dann eingeleitet werden.

Durch die Pflege und die Begleitung in der letzten Lebensphase werden die kommenden Tage oder Wochen zunächst einmal sehr kräftezehrend sein. Langfristig kann man diese neu gewonnenen Erfahrungen jedoch als enorme Bereicherung erleben; denn es ist auch eine Entscheidung für bedingungslose Liebe und außergewöhnliche Nähe.

Checklisten für die Pflege und Sterbebegleitung zu Hause

Im Krankenhaus

- Mit dem behandelnden Arzt sprechen und sich über den Angehörigen und das weitere Vorgehen informieren.
- Die sog. Pflegeüberleitung des Krankenhauses kontaktieren. Sie übernimmt die Organisation der Entlassung (z. B. Bestellung eines Transportdienstes, falls man den Angehörigen nicht im eigenen Auto abholen kann) und die Bedarfsermittlung der Pflegemittel für zu Hause (Pflegebett, Toiletten- und Rollstuhl, ggf. medizinische Geräte).
- Einen genauen Termin für die Anlieferung der Hilfsmittel vereinbaren.

Zu Hause

- Alle zukünftig an der Pflege beteiligten Personen bis spätestens einen Tag vor der Entlassung des Angehörigen nach Hause in den Umgang mit den medizinischen Geräten (wie Sauerstoff, Infusions- oder Schmerzpumpe, Absauggerät) einweisen lassen. Dazu muss ein Termin mit dem zuständigen Fachpersonal der Herstellerfirma oder des Sanitätshauses, bzw. dem Pflegedienst vereinbart werden.
- Die personelle Unterstützung im Vornherein gut planen, da der zeitliche Umfang der Pflege zunächst kaum einzuschätzen ist.
- Beim zuständigen Hausarzt abklären, ob er die zeitlichen Kapazitäten für die Betreuung seines Patienten hat.
- Als Unterstützung den Hospizdienst (professionelle, ehrenamtliche Sterbebegleitung und Unterstützung der Angehörigen), den Pflegedienst (medizinische Pflege und Körperpflege durch Fachpersonal) und ggf. das örtlich zuständige Palliativteam (SAPV-Team) kontaktieren. Das kann persönlich, telefonisch oder via Internet erfolgen.
- Freunde und Familie nicht vergessen. Sich untereinander abzusprechen, wer abwechselnd die „Frühschicht“, die „Spätschicht“ und die „Nachtschicht“ bei der Betreuung übernimmt, schont die eigenen Kräfte.
- Einen geeigneten Raum (groß, hell, gut zugänglich) für die Pflege des Angehörigen auswählen und vorbereiten. Man kann den Raum mit Blumen, Fotografien zum Ansehen, Kerzen oder anderen wichtigen und persönlichen Gegenständen schön gestalten.

Notwendige Pflegemittel

- Über das Krankenhaus:
  - Pflegebett (höhenverstellbar mit Rädern)
  - Rollstuhl für die Mobilität zu Hause
  - Toilettenstuhl, für den kurzen Weg zur Toilette

- Vom Arzt:
  - Rezepte für Medikamente, Verbandsmaterial und Pflegemittel
  - ggf. ein Rezept für eine Wechseldruckmatratze, die die Gefahr der Entstehung von Dekubiti (Druckgeschwüre) minimiert und bei vorhandenen Beschwerden die Schmerzen lindern kann

- Vom Sanitätshaus, ambulanten Pflegedienst oder aus der Apotheke:
  - Inkontinenzeinlagen in der entsprechenden Größe
  - Betteinlagen zum Schutz der Matratze
  - Gummihandschuhe zum Eigenschutz
  - Utensilien zur Körperpflege (Einmal-Waschlappen etc.)
  - Schnabeltasse zur Erleichterung beim Trinken
  - Reinigungsstäbchen für die Mundpflege
  - Salben und Öle zur Minimierung der Dekubitusgefahr
  - Verbandsmaterial zur Versorgung eines vorhandenen Dekubitus
  - Pflegecreme zur Lippenpflege
  - Pipette zum Einträufeln oder kleine Kunststoff-Sprühflasche zum Einsprühen von Flüssigkeit
  - Hydrolate (aromatische Wässer) oder Speichelersatz

Es wird immer Situationen geben, in denen es nicht möglich sein wird, „rund um die Uhr“ jemanden am Bett des Angehörigen zu haben. Damit auf eine Veränderung sofort reagiert werden kann (z. B. bei Atemnot oder wenn der Betroffene versucht, aus dem Bett aufzustehen oder zur Toilette muss) ist die Anschaffung eines „Babyphones“ sehr hilfreich.

Entlassung

- Vorbereitungen im Haushalt bis zum Entlassungstag nach Möglichkeit beenden. Dann kann man sich nach der Ankunft des Angehörigen ganz in Ruhe auf dessen Betreuung konzentrieren.
- Sich beim zuständigen Arzt im Krankenhaus nach den notwendigen Medikamenten für zu Hause erkundigen (auch sog. Bedarfsmedikamente, die bei Schmerz- und Unruhezuständen notwendig sind und nur im Bedarfsfall – nicht regelmäßig – verabreicht werden sollen).
- Den „Entlassbrief" mit den erforderlichen Medikamenten, den entsprechenden Dosierungen und Einnahmezeiten mitnehmen.
- Den Hausarzt zur Entlassung benachrichtigen. Bei einem ersten Hausbesuch bekommt er die wichtigsten Informationen durch den Entlassbrief vom Krankenhaus.
- Für Patienten, die medizinische Geräte (Sauerstoff, Infusions- oder Schmerzpumpe, Absauggerät) zu Hause benötigen, gibt es in der Regel bei der Geräteeinweisung eine 24-Stunden-Notrufnummer. Diese Nummer ebenfalls gut sichtbar aufhängen, z.B. beim Notfallplan.
- Einen Notfallplan erstellen. Darauf Erreichbarkeit des Hausarztes und das Vorgehen bei Notfällen (beispielsweise plötzlich zunehmenden Schmerzen oder Atemnot) notieren. Diesen Plan und die Notfallnummer für alle pflegenden Personen gut sichtbar aufhängen.

Die Pflege

- Sich Zeit geben, in die neuen Aufgaben hineinzuwachsen.
- Beim behandelnden Arzt Informationen über den möglichen Einsatz verschiedener schmerzstillender und auch beruhigender Medikamente einholen.
- Sich von den Pflegekräften des Pflegedienstes Hebe-, Trage- und Lagerungstechniken, sowie Tricks bei pflegerischen Maßnahmen (wie z. B. bei der Inkontinenzversorgung) zeigen lassen.
- Sich an den Wünschen des zu pflegenden Angehörigen orientieren – wenn er nichts trinken oder essen möchte, sollte man ihn nicht dazu drängen.
- Die Medikamente und den Behandlungsverlauf dokumentieren. Mit allen an der Pflege Beteiligten sollte besprochen werden, wie und wo zum Beispiel die Gabe von Medikamenten, die Änderung der Dosierung, aber auch besondere Zwischenfälle und Häufigkeit der Verdauung notiert werden (Anhang S. 149).

Sterbebegleitung

- Die Zeit, in der der Angehörige noch gut ansprechbar ist, nutzen! Wichtige Begebenheiten (wie z. B. die Inhalte einer Patientenverfügung oder letzte Wünsche) sollten geklärt werden.
- Sich viel Zeit für das Abschiednehmen einräumen.
- Die verbleibende Zeit für den Angehörigen so angenehm wie möglich gestalten. Das fängt schon bei Kleinigkeiten an: Was ist zum Beispiel sein Lieblingsgetränk? Welche Speisen mag er gerne?
- Sich gut auf den Sterbeprozess vorbereiten. Mit der Hospizhelferin kann man die einzelnen Phasen des Sterbeprozesses und die Schritte unmittelbar nach dem Tod des Angehörigen besprechen.
- Sich über den Tod und das Sterben informieren durch Lesen von entsprechenden Büchern oder über das Internet.
- Offen auch über eigene Ängste reden.

Am Lebensende des Angehörigen wird es wichtig, den geliebten Menschen „loszulassen“. Manche Menschen möchten es auch hören:

„Ich liebe dich und daher lasse ich dich los. Du kannst jetzt gehen.“

Literatur

Bayerisches Staatsministerium der Justiz und für Verbraucherschutz (Hrsg.) (2015): Vorsorge für Unfall, Krankheit, Alter durch Vollmacht, Betreuungsverfügung, Patientenverfügung. 16. Aufl. C H Beck, München

Borasio, G. D. (2014): Selbst bestimmt sterben. Was es bedeutet. Was uns daran hindert. Wie wir es erreichen können. C. H. Beck, München

Borasio, G. D. (2013): Über das Sterben. Was wir wissen. Was wir tun können. Wie wir uns darauf einstellen. 11. Aufl. C H. Beck, München

Bundesministerium für Gesundheit (Hrsg.) (2016a): Die Pflegestärkungsgesetze. Das wichtigste im Überblick. In: www.bundesgesundheitsministerium.de / fileadmin / Dateien / Publikationen / Pflege / Broschueren / Die-Pflegesta__rkungsgesetze.PDF, 28.11.2016

Bundesministerium für Gesundheit (Hrsg.) (2016b): Hospiz- und Palliativgesetz. Bessere Versorgung schwerstkranker Menschen. In: www.bundesgesundheitsministerium.de / fileadmin / Dateien / 5_Publikationen / Gesundheit / Flyer_Poster_etc / Hospiz-_und_Palliativgesetz.pdf, 08.11.2016

Bundesministerium der Justiz und für Verbraucherschutz (Hrsg.) (2016): Patientenverfügung. Leiden – Krankheit – Sterben. Wie bestimme ich, was medizinisch unternommen werden soll, wenn ich entscheidungsunfähig bin? In: www.bmjv.de / SharedDocs / Publikationen / DE / Patientenverfuegung.pdf?__blob=publicationFile&v=12, 08.11.2016

Deutsche Gesellschaft für Palliativmedizin e. V. (Hrsg.) (2009): Spezialisierte ambulante Palliativversorgung (SAPV). Definition DGP und DHPV vom 15.01.2009. In: www.dgpalliativmedizin.de / allgemein / sapv.html, 09.11.2016

Deutsche Gesellschaft für Palliativmedizin e. V. (Hrsg.) (2003): Definitionen der Deutschen Gesellschaft für Palliativmedizin. In:

www.dgpalliativmedizin.de / category / 11-2003.html?download=82, 09.11.2016

Dorfmüller, M., Dietzfelbinger H. (Hrsg.) (2009): Psychoonkologie. Diagnostik – Methoden – Therapieverfahren. 3. Aufl. Urban und Fischer in Elsevier, München

DUDEN (Hrsg.) (1990): DUDEN. Das Fremdwörterbuch. 5. Aufl. Dudenverlag, Berlin

Erlbruch, W. (2010): Ente, Tod und Tulpe. 7. Aufl. Kunstmann, München

GKV Spitzenverband (2016): Hospiz- und Palliativversorgung. In: www.gkv-spitzenverband.de / krankenversicherung / hospiz_und_palliativversorgung / hospiz_und_palliativversorgung.jsp, 07.11.2016

Keller, C., Schels, K. (2013): So gelingt Pflege zu Hause. Ernst Reinhardt, München / Basel

Kübler-Ross, E. (1989): Über den Tod und das Leben danach. 10. Aufl. Die Silberschnur, Melsbach

Lamp, I. (2012): Hospiz & Co. So finden Sie die beste Betreuung am Lebensende. Ernst Reinhardt, München / Basel

Paritätische Akademie Süd (2016): Pflegestärkungsgesetz II – aus drei Pflegestufen werden 5 Pflegegrade… In: www.akademiesued.org / service / meldung / artikel / pflegestaerkungsgesetz-ii-aus-drei-pflegestufen-werden-5-pflegegrade.html, 08.11.2016

Tausch-Flammer, D., Bickel, L. (2014a): Die letzten Wochen und Tage. Eine Hilfe zur Begleitung in der Zeit des Sterbens. Herausgegeben vom Krebsverband Baden-Württemberg e. V., zusammen mit der Diakonie Deutschland. Evangelisches Werk für Diakonie und Entwicklung e. V., Echterdingen

Tausch-Flammer D., Bickel, L. (2014b): Die Zeit der Trauer. Eine Hilfe für Trauernde und Begleitende. Herausgegeben vom Krebsverband Baden-Württemberg e. V., zusammen mit der Diakonie Deutschland. Evangelisches Werk für Diakonie und Entwicklung e. V., Echterdingen

World Health Organization (2002): WHO Definition of Palliative Care 2002. In: www.dgpalliativmedizin.de/images/stories/WHO_Definition_2002_Palliative_Care_englisch-deutsch.pdf, 09.11.2016

Anhang

Medikamentendokumentation für zu Hause

Tägliche Dokumentation für . . . .

Anschrift . . . . Arzt Handy Nummer . . . .

Medikamente für den täglichen Bedarf:

Medikamente für den Notfall:

Tag: Datum:

Uhrzeit:	Medikament:

Tag: Datum:

Uhrzeit:	Medikament:

Tag: Datum:

Uhrzeit:	Medikament:

Tag: Datum:

Uhrzeit:	Medikament:

Leseprobe

Leseprobe aus

Dittmar Rostig: Einen geliebten Menschen im Sterben begleiten

Vorwort

Sterben hat viele Gesichter. Wenn wir mit Sterben und Tod konfrontiert werden, ist es ein Geschehen, das wir nicht einordnen können und das uns aus dem Gleichgewicht bringt. Es ist einmalig und unbegreiflich wie die Geburt eines Kindes. In beiden Grenzsituationen sind wir dem Geheimnis von Leben und Tod ganz nah. Auf der einen Seite ist unser Herz voller Freude, wenn ein Kind geboren wird – auf der anderen Seite zu Tode betrübt, wenn ein Mensch stirbt.

Es berührt mich, wenn Väter in Seminaren erzählen, wie sie die Geburt ihres Kindes miterlebt haben. Noch vor fünfzig Jahren wäre das unvorstellbar gewesen. Können wir uns heute auch auf eine neue Kultur der Begleitung Sterbender einlassen?

Das Buch zeigt Wege, einem geliebten Menschen im Sterben beizustehen, ob im Heim, Hospiz, auf einer Palliativstation oder zu Hause. Es ermutigt, dem Sterbenden nah zu sein, den Abschied bewusst zu gestalten, sich dafür Zeit zu lassen und die eigene Trauer sinnvoll zu leben. Die Beispiele, wie erwachsene Kinder ihre demenzerkrankten Angehörigen auf ihrem letzten Weg begleiten oder wie Eltern sich bewusst von ihrem verstorbenen Kind verabschieden, ermutigen, neue Schritte zu gehen. Nicht alles aber ist voraussehbar. Ungewiss bleibt, wie der Schwerkranke selbst seine Krankheit annehmen wird und wie ihn die Krankheit verän-

Leseprobe

dert. Begleitende Angehörige wiederum werden sich fragen, wie sie die Krankheit ertragen und wie sie mit ihren Ängsten umgehen können. Das alles macht eine Begleitung nicht einfach. Sie bietet aber die Chance, gemeinsam zu reifen, einen Ausgleich zu finden, vielleicht auch gelassener Abschied zu nehmen, um Frieden zu finden.

Die Entscheidung aber, wie eine Person stirbt und wie sie trauert, bleibt letztlich ihre Entscheidung. Insofern ist dieses Buch ein Wegweiser für Angehörige, damit sie ihren Weg einer Sterbebegleitung finden, der ihrer Lebenssituation gerecht wird. Daher regt es an, sich mit der eigenen Lebensgeschichte auseinanderzusetzen, Muster der Krisenbewältigung konkret wahrzunehmen, Anforderungen an eine Sterbebegleitung realistisch einzuschätzen, ein stabiles Netzwerk zu organisieren und die eigenen körperlichen und geistigen Ressourcen sorgsam zu pflegen. Nicht zuletzt zeigt es Wege auf, um die Zeit zwischen Tod und Beerdigung als eine gute Zeit des Abschiednehmens aktiv zu gestalten.

(...)

Leseprobe (S. 7–8) aus:
Dittmar Rostig
Einen geliebten Menschen im Sterben begleiten
Wie wir Abschied gestalten und Trauer sinnvoll erleben
2014. 209 Seiten. 11 Abb. 2 Tab.
(978-3-497-02469-8) kt

reinhardt
www.reinhardt-verlag.de